LOURDES

Robert Hugh Benson

Publicado por primera vez en Londres en 1914

Traducida del original en inglés por Sergio Gómez Moyano

LOURDES

© Editorial Didacbook, SL

C/ Sagasta, 6

23400 - Úbeda (Jaén)

www.didacbook.com

1ª edición: Enero de 2025

Dirección editorial: Miguel Ángel Barbero Barrios

Edición técnica: Mª Teresa Gómez García

Traducción y maquetación: Sergio Gómez Moyano

ISBN: 978-84-17855-40-6

Depósito Legal: J 24-2025

ÍNDICE

ESTUDIO INTRODUCTORIO

DE SERGIO GÓMEZ MOYANO

I. Contexto Histórico y Biográfico

1. Vida de Robert Hugh Benson

Robert Hugh Benson (1871-1914) fue una figura de especial "intensidad" del mundo literario y religioso del inicio del siglo XX. Nacido el 18 de noviembre de 1871, era el menor de los seis hijos de Edward White Benson, quien llegó a ser Arzobispo de Canterbury. Este entorno familiar profundamente anglicano marcó sus primeros años, no solo por las discusiones teológicas que se suscitaban en casa, sino también por la fuerte influencia de su padre, un hombre de intelecto vibrante y carácter imponente.

En su infancia, Hugh mostró una inclinación por lo misterioso y lo sublime, características que se reflejarían posteriormente en su obra literaria. Su interés por lo sobrenatural se evidenció desde joven; según su biógrafo C.C. Martindale, una de las primeras cosas que pidió al recibir una Biblia fue que le leyeran algún pasaje que hablara del diablo, mostrando ya su fascinación por lo espiritual y lo extraordinario[1].

---

[1] «Un antiguo colega del Dr. Benson de Wellington llegó a la Cancillería y le regaló a Hugh una Biblia. Después del almuerzo, Hugh, patético en terciopelo negro y con su cabello rubio peinado hasta brillar, apareció en la puerta del salón con la Biblia en los brazos.
—¡Gra-a-acias, padrino, por esta hermosa Biblia! ¿Me leerás algo de ella? — preguntó, postulándose, se podría pensar, para ser miembro de la "Familia Fairchild."

El niño que sentía un terror profundo hacia las habitaciones oscuras, con sus imaginadas charcas de sangre y cadáveres, se sentaba con su hermano y su hermana a imitar mecánicamente los fenómenos de las sesiones espiritistas. En Londres quedó cautivado por la Teosofía, en Cambridge por Swedenborg, y tuvo que ser advertido por su madre para que se alejara del mesmerismo. Allí también eligió la habitación del suicida, con la mancha de sangre bajo la cama, y "jugaba a los fantasmas", para su propio espanto, en el jardín de los Fellows del King's College.

Más tarde, este interés se convirtió en una auténtica pasión; dondequiera que se hablase de una habitación encantada, allí acudía, pasando noches de terror, escuchando "pisadas" y saltando de la cama presa del pánico. Las habitaciones encantadas parecían perseguirlo por todas partes: cerca de Mirfield, en Nápoles, en su propia casa en Hare Street, y en sus visitas, tanto en el romántico Oxburgh como en el despiadadamente moderno Brighton.

Brockley Court, cerca de Bristol, es una casa encantada de particular interés, y Benson pasó, según parece, al menos tres noches allí: una vez con el señor James Durham

---

—¿Y sobre qué —preguntó el Sr. Penny— debo leer? —mientras la Sra. Benson, su compañera en el salón, se retiraba sobrecogida. —¡Del De-e-monio! —respondió Hugh sin la menor vacilación» ("An old colleague of Dr. Benson's from Wellington came to the Chancery and presented Hugh with a Bible. After lunch, Hugh, pathetic in black velvet and haloed with flaxen hair brushed until it shone, appeared at the drawing-room door, Bible in his arms. "Tha-a-ank you, Godpapa, for this beautiful Bible! Will you read me some of it?" He asked, qualifying, one might have thought, for membership in the "Fairchild Family." "And what," Mr. Penny asked, "shall I read about?" as Mrs. Benson, his companion in the drawing-room, retired awestruck. "The De-e-vil!" said Hugh without the slightest hesitation" [Martindale, 1916, p.11]).

de Cromer Grange, Norfolk, y el señor John Lambton; otra, solo con el Duque de Newcastle; y una última, acompañado por el Duque y Lord Halifax2.

Su interés por lo sobrenatural se reflejaba también en su obra literaria, especialmente en su novela *The Necromancers*, que exploraba el mundo del espiritismo y lo oculto. Es extraña la obra en la que no incluya algún aspecto de este género de cosas.

La profunda creencia de Benson en lo sobrenatural resulta evidente a lo largo de creación literaria y es una influencia clave tanto en su vida personal como en su producción literaria. Su atracción por las casas encantadas puede interpretarse como un reflejo de su anhelo por conectar con el mundo espiritual. Es posible que considerara estos lugares como vías de acceso a una comprensión más profunda de las fuerzas místicas que, según él, daban forma al mundo.

---

[2] «From childhood he caressed the uncanny. The boy who was so terrified of dark rooms, with their surmised blood-pools and corpses, would sit with his brother and sister and imitate mechanically the phenomena of stances. In London he is captured by Theosophy, at Cambridge by Swedenborg, and he must be warned off mesmerism by his mother. There, too, he elects the suicide's room, with the bloodstain beneath the bed; and "plays ghosts," to his own terror, in the Fellows' garden of King's. Later, the affair becomes a passion; wherever a haunted room is heard of, thither he flies, and passes terror-stricken nights, listening to "footsteps," and springing from bed in an agony of fear. Everywhere haunted rooms encounter him: near Mirfield; at Naples; in his own house at Hare Street; on visits, at romantic Oxburgh as at ruthlessly modern Brighton. Brockley Court, near Bristol, is a haunted house of peculiar interest, and Benson spent, I gather, at least three nights there, once with Mr. James Durham of Cromer Grange, Norfolk, and Mr. John Lambton, once alone with the Duke of Newcastle, and once with the Duke and Lord Halifax» (Martindale, 1916a, pp. 298-299).

Volviendo a su biografía, a pesar de las expectativas de su padre, que deseaba que siguiera una vida más estructurada, Hugh mostró un temperamento independiente y artístico. Le fue mal en los estudios. En cambio, en su juventud, comenzó a explorar el mundo del arte y la literatura, y también, como se ha insinuado previamente, experimentó con corrientes espirituales alternativas, como el espiritismo y el mesmerismo, intereses que persistieron hasta su edad adulta.

Su hermano Arthur, en su libro biográfico *Hugh, Memoirs of a Brother*, lo describe como un niño brillante, ingenioso y lleno de energía, pero que a menudo tenía dificultades para completar tareas y proyectos.

Poseía una voluntad fuerte y una marcada tendencia a ser impaciente e inconstante, especialmente cuando se trataba de centrarse en cosas que no captaban su interés. Le gustaba probar diversas actividades, pero rápidamente perdía el interés y pasaba a otra cosa.

Señala su hermano Arthur que:

> Hablando en términos generales, lo describiría en aquellos días como un niño rápido, ingenioso y con una mente activa, completamente desprovisto de sentimentalismo. Le gustaba probar suerte en diversas cosas, pero era impaciente e inconstante, nunca se esforzaba y, en consecuencia, nunca hacía nada bien. Jamás se habría supuesto, en aquellos primeros años, que llegaría a ser un trabajador tan incansable, y mucho menos el tipo de trabajador en que se convirtió después, perfeccionando sus talentos a través

de un esfuerzo continuo, prolongado y renovado constantemente[3].

Su tendencia a perder interés y su falta de perseverancia fueron características destacadas de sus primeros años. Estas cualidades resultan particularmente interesantes al compararlas con su vida posterior, cuando llegó a ser reconocido por su arduo trabajo, disciplina y su prolífica producción como escritor y sacerdote. Más aún el que suscribe sostiene que falleció a la temprana edad de 43 años, por causa de su frenética actividad. Aunque, de hecho, la causa inmediata de su muerte fue una pulmonía, esta lo encontró muy bajo de defensas por la vida estresante y sobrecargada de compromisos.

Un hecho que marcará un antes y un después fue su conversión al catolicismo el 11 de septiembre de 1903. Fue un proceso gradual motivado por su deseo de encontrar una autoridad espiritual que guiara su búsqueda de la verdad. La búsqueda de este absoluto le conduce cada vez con más fuerza hacia la Iglesia Católica[4]. Ahí encuentra la figura del Vicario

---

[3] «Speaking generally, I should call him in those days a quick, inventive, active-minded child, entirely unsentimental; he was fond of trying his hand at various things, but he was impatient and volatile, would never take trouble, and as a consequence never did anything well. One would never have supposed, in those early days, that he was going to be so hard a worker, and still less such a worker as he afterwards became, who perfected his gifts by such continuous, prolonged, and constantly renewed labour» (Benson, A. C., 1920, p. 36).

[4] El verano de 1903 lo pasó en casa con su madre. Allí se encontró con Arthur quien escribe sobre él: «A mí, de hecho, me parecía alguien embarcado en una gran aventura, con todo el arrebato de confianza y emoción que lo rodeaba. Como decía mi madre, acudió al refugio de su nueva fe como un amante que corre a los brazos de su amada. Al igual que el soldado de la vieja canción, no se detuvo ni un instante, sino que "sacudió las riendas del caballo"». («To me, indeed, he appeared in the light of one intent on a great adventure, with all the rapture of confidence and excitement about him. As my mother said, he went to the shelter of his new belief

de Cristo[5] que, como los papas que Hugh describe en *Lord of the World* y *The Dawn of All,* reclama para sí la prerrogativa de detentar el poder de atar y desatar en la tierra y en el cielo, que dice poseer la llave del Reino de los cielos y que ha sido puesto ahí por el mismo Cristo

Tras su conversión, Benson fue enviado a Roma a estudiar y lo ordenaron como sacerdote católico en 1904. A partir de ese momento dedicó su vida, hasta la extenuación, a la apología de su nueva fe. Se convirtió en un torbellino de actividad en la literatura y en la predicación. Su agenda se llegó a llenar tanto que había que solicitar sus servicios con dos años de antelación.

> Cuando fue destinado a Cambridge como párroco, se dio cuenta de que su labor tenía que ir más orientada a escribir y predicar que a tareas pastorales. Como empezó a ganar dinero con sus libros, se decidió a poner en práctica un plan que llevaba rumiando desde hacía tiempo: establecerse en una casa más o menos retirada, donde pudiera leer y escribir sin interrupciones y de allí salir de vez en cuando a predicar a otros lugares. En esta casa fundaría una comunidad de artistas laicos y católicos, a imagen de una comunidad que aparece en *John Inglesant*, el libro que tanto le influyó en su juventud. Así que

---

as a lover might run to the arms of his beloved. Like the soldier in the old song, he did not linger, but "gave the bridle-reins a shake"» [Benson, A.C., 1920, p. 108]).
[5] Sáenz (1996) dice: «[En Roma] tuvo ocasión de conocer personalmente a san Pío X, e incluso de asistir a su misa privada: Jamás lo olvidaría, y la figura de aquel Papa reaparecerá luego en sus obras literarias» (p. 182).

compró una casa en la aldea de Hare Street, cerca de
Buntingford, Hertfordshire, a pocos kilómetros de
Cambridge, y en ella se retiró en 1908. Aunque ob-
tuvo permiso de su obispo para dejar la labor pasto-
ral, su actividad no disminuyó. Esta aldea de Hertfordshire se convirtió en un gran centro de influencia tanto en Inglaterra como en otros puntos del
globo. Viajó a Roma en tres ocasiones a predicar
tandas de sermones, y visitó tres veces América para
pronunciar conferencias y predicar. La página web
de la Universidad de Notre Dame, en South Bend,
Indiana, lo cuenta entre sus visitantes ilustres. Pero
su actividad más agotadora la desarrollaba en Inglaterra. Siempre estaba predicando, pronunciando
conferencias, escribiendo en revistas y periódicos,
ideando novelas o, incluso, escribiendo crónicas de
partidos de fútbol[6]. Y al volver a casa todavía encontraba tiempo para escribir un libro tras otro, y con-
testar una enorme cantidad de correspondencia.
Dormía entre dos y tres horas al día (Gómez-Moyano, 2015, pp. 29-30).

En 1908, Robert Hugh Benson ya daba muestras evidentes de un profundo agotamiento físico y mental, fruto de

---

[6] «Pero el verdadero cambio parece residir, en primer lugar, en el aumento del
número de pequeñas sociedades o clubes en los que impartía sus conferencias, así
como en las solicitudes singulares —como la de cubrir un partido de fútbol, la final
de la Copa, en el Crystal Palace en 1913— que aceptó.» («But the real change seems
to be, first, the increased number of small societies for which, or clubs at which, he
gives his lectures, and the singular requests— such as to report a football match, the
Cup Tie Final, at the Crystal Palace, in 1913 —which he accepted. » [Martindale,
1916a, p. 156])

su intensa actividad frenética. Ese mismo año, realizó un viaje a Lourdes, que se convirtió en un lugar que lo marcó profundamente tanto en lo espiritual como en lo intelectual. Partió hacia allí con ciertas reservas, convencido de que no era adecuado invocar el poder sobrenatural para sanar enfermedades físicas. Sin embargo, la experiencia en Lourdes transformó por completo su perspectiva. Fue testigo de hechos extraordinarios: la regeneración de cuerpos y almas, y el resplandor de lo espiritual manifestándose en el mundo material. Benson regresó con la firme convicción de que la ciencia física debía encontrar su lugar real dentro del conocimiento humano, aceptando la coexistencia de lo sobrenatural como una dimensión esencial de la existencia. Este viaje no solo renovó su espíritu, sino que también marcó un hito en su manera de entender el equilibrio entre lo terrenal y lo divino.

2. El contexto histórico de *Lourdes*

Lourdes es una pequeña ciudad del pre-Pirineo francés. En 1858 cobra relevancia por unos hechos acaecidos.

En 1858 una niña llamada Bernardette Soubirous, oriunda de Lourdes, afirmó que se le había aparecido una señora en una cueva cercana a la población. Había cruzado el río Gave de Pau para recoger madera cuando se percató de que había una mujer en lo alto de una roca, sobre una gruta. Y esto ocurrió varias veces. La noticia de estas apariciones, que por cierto solo la jovencita veía, corrió por toda la comarca. Mucha gente se acercó al lugar por devoción, morbo o pura curiosidad. Uno de los días en que la señora se apareció a Bernardette la gente vio a la muchacha escarbar en el suelo y ponerse a comer tierra. Sin duda debieron tomarla por loca. Pero, aún más extraño fue que, precisamente en ese mismo lugar, comenzó a brotar un manantial del que hoy en día sigue saliendo agua con un caudal nada despreciable. Al parecer, la señora le había dicho que escarbara y bebiera. La gente empezó a hacer circular la idea de que el manantial era milagroso. Algunas personas se acercaron a él con la esperanza de ser curadas de sus dolencias. La primera de ellas fue una señora llamada Catherine Latapie, luego se acercó Louis Bouriette, quien recuperó la visión del ojo derecho, perdida en una explosión en la mina en la que trabajaba. Pero quizá el caso que más llamó la atención entonces, que probablemente marcó el talante del santuario de Lourdes, fue la curación de un niño de apenas dos años. La madre, desesperada porque el médico había ya desahuciado a su hijo, se levantó de madrugada y se dirigió a la gruta. Introdujo al crío en el manantial ya con todos los miembros rígidos. Cuando volvieron a casa el niño comenzó a mejorar, hasta el punto de que recuperó completamente la salud. Y digo que este hecho marcó el talante del santuario, porque esta curación fue constatada por dos médicos. Y, como al parecer, las curaciones se fueron sucediendo, el obispo de Tarbes decidió que en el santuario debía existir una oficina médica que comprobara la veracidad de las curaciones.

De manera que, en Lourdes, junto al santuario religioso, nos encontramos con un "santuario" de ciencia. La Oficina de las Constataciones Médicas de Lourdes se dedica a inspeccionar científicamente los hechos que se producen en Lourdes relacionados con la salud de los enfermos que se acercan al santuario. A ella acuden los enfermos curados de forma extraordinaria (por evitar la palabra milagrosa), para que constaten su curación (Gómez-Moyano, 2023, pp. 23-24).

Desde entonces Lourdes se ha consolidado como un epicentro de milagros y de devoción mariana. Lourdes representaba una paradoja fascinante para la época. En medio del auge del racionalismo y el positivismo, este santuario era un testimonio visible de la fe católica y su capacidad para atraer multitudes con historias de curaciones inexplicables. Este fenómeno atrajo tanto a fieles como a críticos, incluidos escritores como Émile Zola, quien abordó Lourdes desde un enfoque más escéptico, y según Benson, tramposo, en su novela del mismo nombre.

En este contexto, Robert Hugh Benson vio en Lourdes un lugar que encarnaba el choque entre la fe y la incredulidad, así como la interacción entre lo espiritual y lo material. En Lourdes, a Benson "se le revela" el sistema sacramental de la Iglesia y lo extrapola a su propia visión del mundo. El universo, los hechos y los seres son sacramento, cada uno en su grado, de la Presencia de Dios.

3. La relación de Benson con Lourdes

La relación de Benson con Lourdes fue tanto personal como intelectual. Lo visitó atraído por su significado espiritual y por los testimonios de fe que se presenciaban allí. Para Benson, Lourdes no era simplemente un lugar de curación física, sino un espacio donde el sufrimiento humano encontraba redención y donde lo divino se hacía tangible.

En *Lourdes*, Benson describe el santuario como un microcosmos de la experiencia cristiana. Las curaciones físicas eran, en su opinión, solo una manifestación externa de las transformaciones espirituales que experimentaban los peregrinos. Como afirmó en otras obras, Benson veía en estos milagros una señal de que lo sobrenatural no estaba separado del mundo material, sino que lo permeaba profundamente.

Esta visión de Lourdes le ayudó a comprender la teología católica y la economía sacramental. Para Benson, el agua del santuario no era solo un símbolo, sino un medio real de gracia divina, en la misma línea que los sacramentos de la Iglesia. Lourdes era, por tanto, un lugar donde la fe se hacía visible y accesible, un testimonio vivo de la presencia de María como intercesora divina.

La vida y el contexto histórico de Robert Hugh Benson establecen las bases para comprender *Lourdes*. Su trayectoria personal, marcada por la búsqueda de la verdad espiritual, encuentra en este santuario un reflejo de su propia experiencia de fe y de su visión del mundo como un espacio donde lo sobrenatural y lo material coexisten. Lourdes, para Benson, no era solo un lugar de peregrinación, sino un símbolo de esperanza y una evidencia de la intervención divina en la vida humana.

II. Análisis Temático

1. El milagro como eje central

El concepto de milagro está en el corazón de *Lourdes*. Para Robert Hugh Benson, los milagros no son eventos aislados que desafían las leyes naturales, sino manifestaciones del poder divino que revelan la interacción entre lo espiritual y lo material. En el santuario de Lourdes, Benson identifica los milagros como una prueba tangible de la gracia de Dios actuando en el mundo. Un signo tangible del sistema sacramental de la Iglesia.

En el libro, Benson presenta numerosos testimonios de curaciones físicas y espirituales, destacando cómo estos eventos transforman la vida de los peregrinos. Según él, estos milagros no solo restauran la salud corporal, sino que también fortalecen la fe, sanan corazones quebrantados y renuevan la esperanza. Son una forma en que Dios comunica su amor y misericordia al ser humano.

Además, Benson reflexiona sobre la percepción de los milagros en una época marcada por el escepticismo científico. Mientras algunos los rechazan como simples coincidencias o ilusiones, Benson argumenta que los milagros deben ser entendidos en el contexto de la fe, donde no solo cumplen un propósito físico, sino también espiritual.

Para el autor, Lourdes es un ejemplo claro de cómo la gracia de Dios utiliza lo tangible para alcanzar lo intangible. En este sentido, destaca el papel del agua de Lourdes, que para los creyentes no es solo un símbolo, sino un medio real de sanación. Este enfoque sacramental refleja su convicción de que lo espiritual no está separado del mundo material, sino que lo transforma y lo eleva. Este tema conecta con su visión más amplia del mundo como una creación en la que lo divino está siempre presente en lo material, aunque a menudo velado[7].

2. La fe y la incredulidad

En *Lourdes*, Benson aborda el conflicto entre la fe y la incredulidad, que considera central en el mundo moderno. Los peregrinos que acuden al santuario llegan con diferentes grados de fe: algunos buscan confirmación de sus creencias, mientras que otros están ahí por sus dudas. El mismo autor llega a la ciudad francesa con una actitud bastante agnóstica.

> Es difícil describir las sensaciones con las que llegué a Lourdes. Como hombre cristiano, no me atrevía a negar que los milagros ocurrían; como hombre razonablemente humilde, no me atrevía a negar que ocurrían en Lourdes; sin embargo, supongo que mi actitud, incluso hasta el día de hoy, ha sido la de un agnóstico reverente—la actitud, de hecho, de la mayoría de los cristianos respecto a este punto en

---

[7] Martindale (1916) dice que: «Benson puede crear ese tremendo sentido de silencio a nuestro alrededor en el que fuerzas temibles están al acecho y vigilándonos» («Benson here can create for us that horrible sense of silence round about us, in which dreadful forces are alert and watching us») (p. 400). También «veía el mundo sobrecargado con grandes fuerzas, que yacían detrás del *silencio* que rodea el mundo de los sentidos» (Gómez-Moyano, 2015, p. 149).

particular, cristianos que, por así decirlo, se aseme-
jan al apóstol Tomás en su aspecto menos agradable[8].

Describe con detalle a personajes que luchan con su fe
y que, a través de su experiencia en Lourdes, encuentran una
renovación espiritual. También aborda el escepticismo de los
críticos de los milagros, mostrando cómo incluso aquellos que
niegan lo sobrenatural no pueden ignorar el impacto emocional y comunitario del santuario. Para Benson, Lourdes no solo
desafía las categorías racionales, sino que invita a una apertura
al misterio y al poder de lo divino.

3. La devoción mariana

La figura de la Virgen María ocupa un lugar central en
Lourdes. Benson presenta a María como una intercesora cercana y compasiva, cuya presencia en el santuario refleja su papel como Madre de la humanidad. En el libro, resalta cómo
los milagros de Lourdes son atribuidos a su intercesión, y
cómo los peregrinos la ven como un puente entre lo humano
y lo divino.

Benson utiliza Lourdes como un escenario para pro-
fundizar en la teología mariana, mostrando cómo la devoción
a María no distrae de Cristo, sino que conduce a un encuentro
más profundo con Él. Lourdes no es solo un lugar donde se

---

[8] «It is difficult to describe with what sensations I came to Lourdes. As a Christian
man, I did not dare to deny that miracles happened; as a reasonably humble man,
I did not dare to deny that they happened at Lourdes; yet, I suppose, my attitude
even up to now had been that of a reverent agnostic-the attitude, in fact, of a
majority of Christians on this particular point, Christians, that is, who resemble
the Apostle Thomas in his less agreeable aspect» (Benson, 1914, p. 2).

manifiesta la misericordia de Dios, sino donde María nos enseña a aceptar esa misericordia con humildad y confianza.

4. La comunidad de creyentes

Otro tema clave en *Lourdes* es el papel de la comunidad. Benson observa cómo el santuario reúne a personas de diferentes orígenes, unidas por su fe y su búsqueda de sanación. Destaca cómo el sufrimiento compartido crea una conexión profunda entre los peregrinos, y cómo la experiencia de Lourdes fortalece la identidad colectiva de la Iglesia.

En el prólogo del libro el autor nos habla de un famoso científico que afirmaba que había dos condiciones para que se produjeran milagros: la atmósfera de oración y, según él, y la existencia de una fuerza revitalizante ya fuera del enfermo o de los que lo rodeaban. De manera que, incluso en los momentos de curación, era necesaria la presencia de la comunidad.

Benson describe momentos de oración comunitaria y procesiones como expresiones visibles de la fe común. Según él, estas prácticas no solo renuevan la fe individual, sino que también testimonian la fuerza de la Iglesia como cuerpo místico de Cristo. Lourdes, en su visión, es un lugar donde la comunidad cristiana encuentra una renovación espiritual que trasciende las divisiones sociales y culturales.

En *Lourdes*, Robert Hugh Benson explora temas universales que resuenan más allá del ámbito religioso. A través de su análisis de los milagros, la interacción entre lo espiritual y lo material, y la comunidad de creyentes, Benson ofrece una visión rica y matizada del santuario como un espacio de encuentro con lo divino. La obra no solo refleja su profunda devoción y su habilidad literaria, sino que también invita a los lectores a reflexionar sobre su propia relación con la fe, el misterio y la trascendencia.

5. ¿Quién se cura?

Otro tema que no deja indiferente es por qué unos enfermos se curan y otros no. En el capítulo V, Benson describe una procesión de enfermos en la que el ambiente parecía el adecuado para que se produjera alguna curación, aunque fuera por pura sugestión.

> Si alguna vez la "sugestión" pudo obrar un milagro, debía hacerlo ahora. "Esperamos milagros durante la procesión de mañana y el domingo", me había dicho un sacerdote el día anterior. ¡Y allí estaba yo, uno entre cien mil, confiado en la expectación, emocionado por aquella voz, sin dudar ni temer nada; allí estaban los enfermos debajo de mí, respondiendo débil y potentemente a los gritos del sacerdote; y, sin embargo, no hubo ningún movimiento, ningún salto repentino de un enfermo de su lecho al paso de Jesús, ningún grito vibrante de alegría: "*Je suis guéri! Je suis guéri!*"; ni una precipitada carrera hacia el lugar, ni el estruendo del *Magnificat*, como nos habían inducido a esperar[9].

---

[9] "Yet there was no movement. If ever "suggestion" could work a miracle, it must work it now. "We expect the miracles during the procession to-morrow and on Sunday," a priest had said to me on the previous day. And there I stood, one of a

No hay milagros ese día, pero sobre el santuario se cierne la sombra de una duda: la sugestión. ¿Puede la sugestión psicológica obrar de tal manera en las personas que se crean realmente curadas? Cuando Benson sugirió al científico que hablaba del espíritu de oración como condición para las curaciones la palabra 'sugestión', nuestro autor escribió que "me respondió riéndose en mi cara. Me dijo que esa era la más ridícula de todas las hipótesis" [10]. Es decir, este afamado científico reconocía la realidad de estas curaciones, aunque no podía, por su falta de fe, reconocerlas como milagros.

En Lourdes hay registros de más de 7.000 curaciones, certificadas por la oficina médica de Lourdes, que no se han podido explicar científicamente. Sin embargo, si nos paramos a pensar un poco, nos daremos cuenta de que son muy pocas desde 1858 hasta nuestros días. Un hospital ordinario de una gran ciudad como Madrid o Barcelona curan a más gente a lo largo de un año que en todo el tiempo que lleva abierto el santuario de Lourdes.

Muchos son los enfermos que van a buscar la curación milagrosa y no la encuentran, otros sí. Un caso especialmente intenso es el siguiente. Nuestro autor se dirige a las piscinas

---

hundred thousand, confident in expectation, thrilled by that voice, nothing doubting or fearing; there were the sick beneath me, answering weakly and wildly to the crying of the priest; and yet there was no movement, no sudden leap of a sick man from his bed as Jesus went by, no vibrating scream of joy — *"je suis gueri! je suis gueri!"* — no tumultuous rush to the place, and the roar of the *Magnificat*, as we had been led to expect" (Benson, 1914, pp. 43-44).

[10] "I breathed the word 'suggestion'; and his answer was to laugh in my face, and to tell me, practically that this is the most ludicrous hypothesis of all." (Benson, 1914, p. V).

para bañarse junto como un fiel más, como un enfermo más. Describe el lugar y el ambiente, y nos refiere al caso de:

> Un joven que me conmovió más de lo que podría expresar. Estaba de pie junto a la cabecera de la bañera, con una palangana en una mano y una pequeña imagen de la Virgen en la otra, y se echaba agua ingeniosamente con los dedos en los ojos; estos estaban horriblemente inflamados y pude ver que estaba ciego. No puedo describir la pasión con que lo hacía, pareciendo mirar todo el tiempo hacia la imagen que sostenía, y murmurando oraciones en voz baja, con la esperanza, sin duda, de que su primera visión fuera la imagen de su Madre[11].

Si la fe mueve montañas, si es la condición para la sanación, según nuestro ya amigo el afamado científico, sin duda este joven era el candidato número uno para ser curado. Pero no voy a adelantar acontecimientos. Que el lector se deje llevar por la lectura de este librito y descubra el desenlace de la escena.

---

[11] "A young man who touched me more than I can say. He was standing by the head of the bath, holding a basin in one hand and a little image of our Lady, in the other, and was splashing water ingeniously with his fingers into his eyes; these were horribly inflamed, and I could see that he was blind. a young man who touched me more than I can say. He was standing by the head of the bath, holding a basin in one hand and a little image of our Lady, in the other, and was splashing water ingeniously with his fingers into his eyes; these were horribly inflamed, and I could see that he was blind. I cannot describe the passion with which he did this, seeming to stare all the while towards the image he held, and whispering out prayers in a quick undertone-hoping, no doubt, that his first sight would be the image of his Mother" (Benson, 1914, pp. 51-52).

III. Análisis Literario

1. Estructura narrativa

En *Lourdes*, Robert Hugh Benson utiliza una estructura narrativa que combina descripción detallada, reflexión personal y análisis teológico. La obra no se limita a un relato cronológico de sus visitas al santuario; también organiza sus observaciones y pensamientos en torno a temas específicos como los milagros, la fe y la comunidad.

Cada capítulo se centra en un aspecto particular de Lourdes. Comienza con una descripción del lugar y sus rituales y avanza hacia reflexiones más profundas sobre su significado espiritual.

Se ayuda de ejemplos concretos para explicarse. Benson incluye historias específicas de peregrinos que encontró en Lourdes y utiliza sus experiencias como base para explorar temas con mayor profundidad. Aunque el tono de la obra es reflexivo, el uso de la primera persona le otorga una cercanía emocional, que permite a los lectores experimentar el santuario a través de los ojos del autor. Esta estructura le permite a Benson equilibrar la descripción objetiva con la interpretación subjetiva, un enfoque que enriquece la obra y la hace accesible tanto para creyentes como para lectores escépticos.

2. Estilo y tono

En *Lourdes* Benson utiliza un lenguaje rico en imágenes y metáforas. Con ello captura no solo la apariencia física del santuario, sino también su atmósfera espiritual. El tono es sobre todo reverente: Benson aborda Lourdes con un tinte de asombro y devoción, para destacar constantemente su carácter sagrado. Aunque Benson describe sus emociones y en cierta medida las de la gente con la que se encuentra, también dedica espacio a reflexiones racionales sobre la fe y los milagros. En desarrollo de la narración hay un gran un equilibrio entre el corazón y la mente.

El estilo literario de Benson en *Lourdes* no es meramente ornamental, sino que sirve como un vehículo para transmitir las profundidades de sus observaciones teológicas y espirituales.

3. Comparaciones con otras obras de Benson

El análisis literario de *Lourdes* se enriquece al compararlo con otras obras de Robert Hugh Benson, especialmente aquellas que exploran temas similares de fe, espiritualidad y la interacción entre lo sobrenatural y lo material.

- Conexión con *The Light Invisible:* En este libro, Benson aborda experiencias místicas a través de relatos cortos. Ambas obras comparten una sensibilidad hacia lo sobrenatural y un enfoque en cómo lo divino se manifiesta en la vida cotidiana.

- Relación con *A Book of the Love of Jesus*: En esta colección de reflexiones, Benson también enfatiza la relación personal con Cristo, un tema que se entrelaza con la devoción mariana presente en *Lourdes*.

- Continuidad temática en su corpus literario: Benson frecuentemente explora la tensión entre lo espiritual y lo material, un tema que también aparece en novelas como *The*

Necromancers, aunque en un contexto más oscuro y nada devocional, sino que roza el terror.

-Desarrollo utópico en *The Dawn of All*: Un epígrafe aparte merece la novela de 1911, *The Dawn of All*, en la que el autor hace pasar unos días en Lourdes a su protagonista. Analizamos esta obra más adelante.

Estas comparaciones destacan cómo *Lourdes* encaja dentro del proyecto literario más amplio de Benson, mientras aporta una perspectiva única sobre su devoción personal y su visión del catolicismo.

El análisis literario de *Lourdes* revela una obra cuidadosamente construida que combina elementos narrativos, reflexivos y teológicos. A través de su estructura temática, su estilo rico y su conexión con otras obras, Benson logra transmitir una visión profunda y conmovedora del santuario de Lourdes. La obra no solo es una meditación espiritual, sino también un ejemplo de cómo la literatura puede servir como un puente entre la fe y la razón, y entre lo visible y lo invisible.

IV. Dimensión Teológica

1. El milagro en la teología católica

En *Lourdes*, Robert Hugh Benson explora los milagros desde una perspectiva teológica, presentándolos como signos visibles de la intervención divina en el mundo. En la tradición católica, los milagros son considerados actos sobrenaturales que trascienden las leyes naturales, realizados por Dios para manifestar su amor y su poder. Benson describe los milagros de Lourdes no solo como curaciones físicas, sino también como eventos espirituales que apuntan hacia realidades más profundas.

Para Benson, los milagros en Lourdes confirman la presencia activa de Dios en el mundo, actuando a través de medios visibles y tangibles. Destaca que estas curaciones no son meramente para satisfacer necesidades inmediatas, sino para fortalecer la fe y guiar a las almas hacia una relación más profunda con Cristo. Este enfoque se alinea con la enseñanza católica que ve los milagros como una invitación a la conversión y una confirmación de la verdad del Evangelio.

Además, Benson insiste en que los milagros deben ser entendidos en el contexto de la fe y no como pruebas científicas. En un mundo cada vez más secularizado, señala que los milagros de Lourdes desafían el escepticismo moderno y muestran que la realidad espiritual no puede ser completamente comprendida o limitada por los métodos científicos. En este sentido, dice el mismo Benson que:

> Los milagros de Nuestro Señor fueron de una naturaleza tal que dispuso fuertemente a creer a aquellos que los presenciaron, y ayudaron enormemente en la confirmación de la fe de aquellos que ya creían; pero que los milagros, como tales, no pueden obligar absolutamente a creer a aquellos que por razones morales la rechazan. Si pudieran, la fe dejaría de ser fe[12].

---

[12] "The miracles of Our Lord were of a nature that strongly disposed to belief those that witnessed them, and helped vastly in the confirmation of the faith of those

2. La apologética católica en *Lourdes*

Lourdes es, como el grueso de las obras de Benson, un libro apologético que defiende la fe católica frente a las críticas del racionalismo y el positivismo. Benson utiliza los milagros del santuario como argumentos para demostrar la existencia de un poder divino que opera en el mundo. A través de ejemplos concretos y reflexiones teológicas, presenta a Lourdes como un lugar donde la fe es reafirmada y donde las dudas son confrontadas con la evidencia del amor de Dios.

Benson no solo se dirige a los creyentes, sino también a los escépticos, ofreciendo un razonamiento cuidadoso que combina la experiencia personal con argumentos teológicos. Por ejemplo, analiza como los milagros de Lourdes no pueden ser explicados únicamente por causas naturales o psicológicas, sino que estos eventos apuntan a una realidad sobrenatural que trasciende las limitaciones humanas.

Además, el autor aborda la relación entre la fe y la razón, señalando que no están en conflicto, sino que se complementan. Lourdes, para él, es un ejemplo de cómo las verdades de la fe pueden coexistir con los avances de la ciencia, siempre que esta última reconozca sus propios límites.

> La relación entre las ciencias teológica y secular puede ser pensada en términos de conflicto o reconciliación. Es un conflicto en la medida en que los movimientos del pensamiento secular y teológico

---

who already believed; but that miracles, as such, cannot absolutely compel the belief of those who for moral reasons refuse it. If they could, faith would cease to be faith" (Benson, 1914, p. 38).

reaccionan perpetuamente el uno sobre el otro y provocan modificaciones en las expresiones del otro lado; y es una reconciliación en la medida en que cualquier avance verdadero en cualquiera de los lados prolonga las líneas convergentes que deben encontrarse, en último término, en la eternidad en el punto de la verdad perfecta. Se acercan a la verdad desde diferentes ángulos: uno es el efecto del pensamiento salvaguardado por la divinidad actuando sobre una serie de revelaciones entregadas por la divinidad; la otra es un orden divino interpretado por el intelecto humano. Cada uno, pues, tiene su cometido propio y lo único que se espera es que los partisanos impacientes de cada lado intercambien misiles e insultos de vez en cuando; pero esto no supone el conflicto real de las dos facciones[13].

Pero cuando el bando de la ciencia hace prevalecer sus postulados dogmáticos, más allá de su ámbito propio, se llegan a situaciones como esta, descrita con la ironía propia de Benson:

---

[13] "The relation of theological to secular science may be regarded as one either of conflict or reconciliation. It is a conflict so far as the movements of secular and theological thought are perpetually reacting one upon the other and bringing about modifications in the expressions of either side; and it is a reconciliation so far as any true advance on either side prolongs the converging lines which must ultimately meet in eternity at the point of perfect truth. They approach truth at different angles: the one is the effect of divinely safeguarded thought acting upon a divinely given revelation; the other is a divine order interpreted by human intellect. Each then has its own work to do, and itis only to be expected that impatient partisans on either side should from time to time exchange missiles and insults; but this does not involve the actual conflict of the two parties" (Benson, 1907, 78).

Incluso los científicos incrédulos están obligados a admitir que la ciencia en la actualidad no puede explicar los hechos, lo que sin duda es el equivalente moderno de la teoría de Belcebú. Hemos visto, también, como personas severamente científicas como el Dr. Boissarie y el Dr. Cox (si me permiten citar sus nombres) sabiendo tan bien como cualquiera lo que la medicina y la cirugía y el hipnotismo y la sugestión pueden y no pueden hacer, corroboran esta evidencia, y ven en los hechos una simple ilustración de la verdad de esa Fe Católica que ambos sostienen y practican.

¿No es justo el paralelismo? ¿Qué más quieren entonces los adversarios? No se puede discutir con gente que dice que, puesto que no hay nada más que naturaleza, ningún proceso puede ser más que natural. No hay señal, ni siquiera celestial, que pueda derribar el prejuicio intelectual de tales personas. Si vieran al propio Jesucristo en la gloria, siempre podrían decir que "por el momento la ciencia no puede explicar el fenómeno de un cuerpo luminoso aparentemente sentado en un trono, pero sin duda lo hará con el tiempo". Si vieran a un hombre muerto y en putrefacción levantarse de la tumba, siempre podrían argumentar que no podía haber estado muerto y putrefacto, o que no podía haberse alzado de la tumba. Solo el Juicio Final podría convencer a tales personas. Pero incluso cuando oigan el sonido de las trompetas, creo que algunos de ellos, una vez recuperados del asombro inicial, harían observaciones sobre fenómenos auditivos[14].

Si el lector se pregunta qué quiere decir Benson con la teoría de Belcebú, que no se preocupe, porque está bien explicado en el libro. Como aperitivo solo diré que se trata de una comparación interesante e irónica entre la creencia a ultranza en la ciencia y la acusación que los fariseos hacen a Jesús de que sus milagros son obra de Belcebú.

3. La figura de María como intercesora universal

En *Lourdes*, la devoción mariana es un tema central. Benson describe a la Virgen María como una figura clave en los milagros del santuario, donde actúa como intercesora entre Dios y la humanidad. Para él, Lourdes es un testimonio del papel continuo de María en la historia de la salvación, especialmente en su capacidad para atraer a las almas hacia su Hijo.

---

[14] "Even unbelieving scientists are bound to admit that science at present cannot account for the facts, which is surely the modern equivalent for the Beelzebub theory. We have seen, too, how severely scientific persons such as Dr. Boissarie and Dr. Cox -- if they will permit me to quote their names -- knowing as well as anyone what medicine and surgery and hypnotism and suggestion can and cannot do, corroborate this evidence, and see in the facts a simple illustration of the truth of that Catholic Faith which they both hold and practise.
Is not the parallel a fair one? What more, then, do the adversaries want? There is no arguing with people who say that, since there is nothing but Nature, no process can be other than natural. There is no sign, even from heaven, that could break down the intellectual prejudice of such people. If they saw Jesus Christ Himself in glory, they could always say that "at present science cannot account for the phenomenon of a luminous body apparently seated upon a throne, but no doubt it will do so in the course of time." If they saw a dead and corrupting man rise from the grave, they could always argue that he could not have been dead and corrupting, or he could not have risen from the grave. Nothing but the Last Judgment could convince such persons. Even when the trumpet sounds, I believe that some of them, when they have recovered from their first astonishment, will make remarks about aural phenomena" (Benson, 1914, pp. 38-39).

Benson enfatiza que la devoción a María no es una distracción de Cristo, sino una forma de acercarse más a Él. En *Lourdes*, María es presentada como una madre amorosa que comprende el sufrimiento humano y que ofrece consuelo y esperanza a través de su intercesión. Benson utiliza este enfoque para subrayar la teología mariana católica, que ve a María como un puente entre lo divino y lo humano.

La obra también destaca la humildad y el papel único de Bernadette Soubirous como mensajera de María. En ella se muestra cómo Dios elige a los pequeños y humildes para llevar a cabo su obra. Benson interpreta esto como un reflejo del carácter de María misma, que se presenta no con grandeza terrenal, sino con simplicidad y pureza espiritual.

La dimensión teológica de *Lourdes* muestra a Robert Hugh Benson como un pensador profundamente arraigado en la tradición católica, pero también comprometido con la tarea de comunicar estas verdades a un público más amplio. A través de su análisis de los milagros, su defensa de la fe y su devoción mariana, Benson ofrece una visión rica y matizada de Lourdes como un lugar donde lo divino se hace visible. La obra no solo refuerza la fe de los creyentes, sino que también desafía a los escépticos a considerar la posibilidad de una realidad más allá de lo material.

V. *The Dawn of All*

1. Lourdes en *The Dawn of All*

La obra de Benson que merece un apartado propio en lo que respecta a la comparativa con este opúsculo que el

lector sostiene en sus manos, no es otra que *The Dawn of All,
Alba Triunfante* en la mayoría de las traducciones al caste-
llano.

En *The Dawn of All* (1911), Benson imagina un escenario futurista y alternativo donde la Iglesia Católica ha alcanzado una posición de hegemonía espiritual y social a nivel
mundial. Dentro de este universo, Lourdes desempeña un papel destacado, representando un epicentro de la fe mundial y
un símbolo de la unión entre lo divino y lo humano.

En este mundo idealizado, Lourdes no es solo un santuario de curaciones, sino también un lugar donde las personas de todas las naciones se reúnen para buscar la verdad. Representa el cumplimiento de la visión de Benson sobre cómo
la fe puede transformar las relaciones humanas y superar divisiones culturales.

En *The Dawn of All* Lourdes tiene la función de punto
de convergencia. Allí se describe Lourdes no solo como un
espacio físico, sino como un lugar donde lo espiritual y lo material se fusionan. Esto refuerza la idea de Benson de que los
milagros y la sacramentalidad no son eventos aislados, sino
manifestaciones del orden divino en el mundo. Por eso, es de
sumo interés el trabajo desarrollado en la oficina médica de
Lourdes, donde se encuentran grandes científicos y teólogos
que cooperan para hallar la verdad, despojados de su soberbia:

> La religión había descendido al palenque que ante-
> riormente, según imaginaba él, quedaba reservado a
> las fuerzas físicas. [...] Despojada de sus vestiduras

autoritarias, de gobierno, competía aquí, de igual a igual, con los maestros de las leyes naturales; más aún: era reconocida por ellos como su dueña y señora. [...] Su deseo en la práctica era curar a los enfermos; su interés en lo teórico el ir fijando poco a poco, con mayor exactitud cada día, la línea precisa donde termina la naturaleza y comienza lo sobrenatural[15].

2. Comparación entre *Lourdes* y *The Dawn of All*

Aunque *Lourdes* y *The Dawn of All* abordan el santuario desde diferentes géneros y perspectivas, ambos textos comparten temas centrales que reflejan la visión de Benson:

En ambas obras, los milagros en Lourdes son interpretados como intervenciones directas de Dios que trascienden las leyes naturales, ofreciendo una evidencia tangible de su amor y poder.

Tanto en *Lourdes* como en *The Dawn of All*, María es presentada como una figura de intercesión y compasión. En la visión futurista de *The Dawn of All*, su presencia en Lourdes simboliza la universalidad de su maternidad espiritual.

En *Lourdes*, Benson describe el santuario como un lugar donde los peregrinos encuentran unidad en la fe. En *The*

---

[15] "For here religion seemed to have stepped down into an arena hitherto (as he fancied) restricted to the play of physical forces. [...] Flung off her robes of state and authority; and was competing here on equal terms with the masters of natural law — more, she was accepted by them as their mistress. [...] Her one practical desire was to heal the sick; her one theoretical interest to fix more and more precisely, little by little, the exact line at which nature ended and supernature began" (Benson, 1911, pp. 162-163).

Dawn of All, esta idea se amplía, presentando a Lourdes como un modelo de lo que la Iglesia podría lograr en el mundo si sus enseñanzas fueran plenamente aceptadas.

La descripción que Benson hace de la Oficina Médica en *Lourdes* muestra unos doctores y científicos que trabajan en paralelo a la acción de la gracia, afuera, en el santuario. Pero con este matiz: "quizá el milagro más sorprendente es que la gruta y la oficina se alzan pared con pared, y no se estrangulen mutuamente"[16]. En *The Dawn of All* la oficina médica es un centro de estudio donde gracia y ciencia se fusionan.

3. Implicaciones teológicas y literarias

Lourdes en *The Dawn of All* no solo representa un lugar sagrado, sino también una visión utópica de la Iglesia como mediadora de la gracia divina en el mundo. Benson utiliza el santuario para ilustrar cómo la fe católica puede transformar la sociedad y la misma ciencia cuando se vive en plenitud.

En la Lourdes de *The Dawn of All* ciencia y fe se dan la mano con cordialidad, y trabajan conjuntamente para discernir la frontera entre lo natural y lo sobrenatural. Hugh también se trajo de Lourdes el haber vivido, como espectador de lujo, el carácter sacramental de la Iglesia, o lo que es lo mismo, del poder de la Gracia sobrenatural de Dios actuando a través de gestos físicos de la Iglesia, y, como inferencia de ello, de la consistencia de la Encarnación en

[16] "Perhaps the most startling miracle of all is that the Bureau and the Grotto stand side by side, and that neither stifles the other" (Benson, 1914, p. 69).

su esquema espiritual, Dios hecho hombre, el espíritu puro dentro de la materia del mundo. En Lourdes el Espíritu está presente y muestra su poder a través de la restauración del ser humano, del espíritu, pero también de la carne (Gómez-Moyano, 2019, pp. 20).

Desde un punto de vista literario, el uso de Lourdes en *The Dawn of All* muestra la habilidad de Benson para integrar sus convicciones teológicas en una narrativa futurista, demostrando que su devoción a Lourdes no se limitaba al ámbito personal o apologético, sino que también formaba parte de su imaginación creativa y su visión proyectiva de un mundo católico.

La representación de Lourdes en *The Dawn of All* complementa y amplía las ideas presentadas en su obra *Lourdes*. Mientras que en esta ofrece una reflexión personal y teológica sobre el santuario, aquella lo sitúa en un marco más amplio como un símbolo del potencial redentor de la Iglesia en el mundo. Juntas, estas obras muestran la profundidad de la conexión de Benson con Lourdes y su capacidad para entrelazar lo personal, lo teológico y lo literario en su visión del santuario como un punto de encuentro entre lo humano y lo divino.

VI. Conclusiones

1. Relevancia en la actualidad

A pesar de haber sido escrita hace más de un siglo, *Lourdes* sigue siendo una obra relevante para el lector contemporáneo. Su exploración de temas universales como la fe, el sufrimiento y la esperanza resuena en un mundo que aún busca sentido en medio de las crisis.

Un aspecto importante es la fe frente al escepticismo. En una época marcada por el materialismo y la incredulidad, *Lourdes* ofrece una perspectiva contracultural que afirma la posibilidad de lo sobrenatural. Benson invita a los lectores a reconsiderar las barreras entre la ciencia y la fe, presentando los milagros como un espacio de intersección entre ambos.

Otro elemento digno de ser considerado es el sufrimiento y la comunidad. La representación de Lourdes como un lugar donde los peregrinos encuentran consuelo y solidaridad sigue siendo inspiradora. En un mundo fragmentado, la obra de Benson recuerda el poder transformador de la fe compartida y de las comunidades de apoyo espiritual.

Además, su enfoque sobre la devoción mariana y la intercesión divina conecta con los renovados esfuerzos de la Iglesia para revitalizar la piedad popular y la vida sacramental.

2. El legado de *Lourdes*

La obra *Lourdes* de Robert Hugh Benson ocupa un lugar significativo dentro de su producción literaria y espiritual, consolidándose como un testimonio de su devoción personal y de su habilidad para combinar narración y reflexión teológica. El libro no solo es una crónica de peregrinaciones, sino una meditación profunda sobre el papel de los milagros, la fe y la devoción mariana en la vida cristiana.

El legado de *Lourdes* se manifiesta en varios aspectos clave:

- Contribución a la apologética católica: Benson defendió con maestría la autenticidad de los milagros y el papel de la Virgen María como intercesora divina, proporcionando argumentos sólidos en un tiempo de creciente escepticismo.

- Modelo de espiritualidad sacramental: La obra refleja la visión de Benson sobre la interacción entre lo espiritual y lo material, reforzando la centralidad de los sacramentos en la vida cristiana.

- Relevancia literaria: *Lourdes* demuestra la capacidad de la literatura para transmitir experiencias de fe, posicionándose como un ejemplo destacado de literatura religiosa de principios del siglo XX.

3. En resumen

En *Lourdes*, Robert Hugh Benson logra capturar la esencia espiritual del santuario, ofreciendo una obra que trasciende su tiempo y lugar. Al explorar temas universales como los milagros, la devoción mariana y la fe comunitaria, Benson no solo reafirma su compromiso con el catolicismo, sino que también invita a los lectores a reflexionar sobre su propia relación con lo divino.

La obra sigue siendo una fuente valiosa para creyentes y estudiosos, proporcionando tanto inspiración espiritual como un testimonio literario del encuentro entre lo humano y lo divino. Al final, *Lourdes* no es solo una obra sobre un lugar sagrado, sino un recordatorio del poder de la fe para transformar vidas y unir a las personas en una búsqueda común de esperanza y redención.

Sergio Gómez Moyano

VII. Bibliografía

Benson, R. H. (1907). A Modern Theory of Human Personality. *The Dublin Review*, 141(282), 78-96.

Benson, R. H. (1911). *The Dawn of All*. Gustavo Gili.

Benson, R. H. (1912). Phantasms of the Dead. The Dublin Review, 150(300), 43-63.

Benson, R. H. (1914). *Lourdes*. Herder.

Benson, R. H. (1916). *Alba Triunfante*. Gustavo Gili.

Benson, A. C. (1920). *Hugh, Memoirs of a Brother*. John Murray.

Gómez-Moyano, S. (2015). *La imagen del mundo en la literatura de Robert Hugh Benson* [Tesis]. Universitat Abat Oliba CEU.

Gómez-Moyano, S. (2019). Introducción. Benson, R. H. *Alba Triunfante*. Homo Legens.

Gómez-Moyano, S. (2023). *¿Adónde te escondiste?* DidacBook.

Martindale, C. C. (1916*). The Life of Monsignor Robert Hugh Benson. Vol. I.* Longmans, Green and Co.

Martindale, C. C. (1916a*). The Life of Monsignor Robert Hugh Benson. Vol. II.* Longmans, Green and Co.

Sáenz, A. (1996). *El fin de los tiempos y seis autores modernos*. Asociación de Cultural Occidental.

LOURDES

Robert Hugh Benson

LISTA DE ILUSTRACIONES

LOURDES

BY

THE VERY REV. MONSIGNOR
ROBERT HUGH BENSON

WITH EIGHT FULL PAGE ILLUSTRATIONS

ST. LOUIS, MO.:
B. HERDER, PUBLISHER
17, S. BROADWAY

LONDON:
MANRESA PRESS
ROEHAMPTON, S.W.

1914

Ilustración 1. Frontispicio de la primera edición

PREFACIO

Desde que escribí estas páginas, hace seis años, he tenido el privilegio de conocer a un científico francés muy famoso[17], al que le debemos uno de los más grandes descubrimientos de los últimos años, el cual ha estudiado especialmente Lourdes y sus fenómenos, y he podido escuchar sus comentarios sobre lo que pasa allí. Actualmente, este científico no es católico practicante; y este hecho otorga un interés peculiar a sus opiniones. Sus conclusiones, tal y como las ha formulado, son las siguientes:

(1) Que no hay una hipótesis científica hasta el momento que explique satisfactoriamente los fenómenos. Al decirme esto, murmuré la palabra "sugestión", y me respondió riéndose en mi cara. Me dijo que esa era la más ridícula de todas las hipótesis.

(2) Que, en la medida en que él ha sido capaz de observar, lo único necesario para tales curas como las que él mismo

---

[17] Nota del traductor: El científico al que se refiere es Alexis Carrell (1873-1944), quien fue galardonado con el Premio Nobel de medicina en 1912 «en reconocimiento a su trabajo acerca de la sutura vascular, y del trasplante de vasos sanguíneos y de órganos» (Comroe, J. H. (1978). Who was Alexis who. *American Review of Respiratory Disease,* 118, pp. 391–402.).

ha presenciado o verificado, es el ambiente de oración. Cuando este aumenta en intensidad el número de curaciones aumenta, cuando disminuye también disminuyen las curaciones.

(3) Que se siente inclinado a pensar que hay una transferencia de energía vital ya sea desde la fe energética del enfermo o desde la de los que lo rodean. Me puso un ejemplo en el que participó su esposa, también ella una doctora muy cualificada. Tenía en sus brazos a una niña de dos años y medio, ciega de nacimiento, durante la procesión del Santísimo Sacramento. Cuando la custodia se situó enfrente, los ojos de la niña, hasta ese momento cerrados, comenzaron a destilar lágrimas. Cuando hubo pasado, los ojos de la niña estaban abiertos y veían. Esta señora … lo comprobó balanceando su pulsera delante de la niña, quien inmediatamente la atrapó, pero, por el hecho de que nunca había aprendido a calcular las distancias, al principio fallaba. Cuando la procesión acabó, la señora … quien me explicó la anécdota, fue consciente de un agotamiento extraordinario para el cual no tenía una explicación ordinaria. Doy esta sugerencia como el científico me la explicó: la sugerencia de algún tipo de transferencia de vitalidad; y no hago comentarios sobre ella, más allá de decir que, al menos superficialmente, no me parece que entre en conflicto con los diferentes relatos de milagros explicados en el Evangelio, en los cuales la fe de los que estaban alrededor, y también la de los enfermos, parecía ser un elemento tan fundamental en el milagro como el poder que lo produjo.

Debido al tiempo que ha transcurrido desde que escribí estas páginas para el *Ave Maria* (por la amabilidad de cuyo editor se reimprimen ahora) es imposible que pueda verificar la corrección de todos los nombres que se hallan en el transcurso de la narración. Tomé notas durante mi estancia en Lourdes y escribí mi relato basándome en ellas. Por eso, es extremadamente probable que haya incurrido desapercibidamente en pequeños errores de ortografía que ahora mismo me veo incapaz de corregir.

Iglesia de Nuestra Señora de Lourdes,

Nueva York,

Cuaresma, 1914

I

El primer signo de que nos acercábamos a Lourdes fue una cruz de madera que coronaba una colina puntiaguda. Habíamos estado viajando todo el día, bajo la luz del sol de agosto, a lo largo de las rectas carreteras francesas bajo avenidas interminables; ora a través de una rica llanura, con la carretera inclinada a ambos lados para evitar los torrentes primaverales de los Pirineos; ora de nuevo subiendo y bajando un repentino desnivel de una colina. Hacía unos minutos habíamos atravesado Tarbes, la ciudad catedralicia de la diócesis en la que se halla Lourdes; y allí, debido a un pequeño accidente, nos vimos obligados a parar, mientras las ruedas del coche eran sacadas, con increíble ingenio, de la profunda cuneta en la que el chófer, con las mejores intenciones, las había metido. Fue allí, en los ojos negros, en los perfiles dominantes, en los colores brillantes, en el absorto interés infantil de la muchedumbre, en sus comentarios, en sus risas, su seriedad y su acento, que el Sur se reveló casi en toda su pureza. Era día de mercado en Tarbes; y, cuando ya estuvimos de nuevo en camino, avanzábamos muy lentamente. A lo largo de todo el camino hasta Lourdes mismo, nos movíamos entre una larga procesión de carros y caminantes, bueyes, caballos, perros y niños, acercándonos cada minuto que pasaba a ese anillo de solemnes montañas azules que impedía la vista de España.

Ilustración 2. La basílica. Vista Frontal

Es difícil describir con qué sensación llegué a Lourdes. Como hombre cristiano, no me atrevía a negar la existencia de los milagros; como hombre humilde y razonable, no me atrevía a negar que existen en Lourdes; sin embargo, supongo que mi actitud, incluso ahora, ha sido la de un reverente agnóstico, la actitud, de hecho, de la mayoría de los cristianos en este tema en particular, esto es, cristianos que se parecen al apóstol Tomás en su aspecto menos agradable. Había oído y leído mucho sobre psicología y acerca del efecto de la mente sobre la materia y de los nervios sobre los tejidos; había reflexionado sobre la sugestión contagiada por una ardiente multitud; había leído el libro deshonesto[18] de Zola; y estas cosas, junto con lo

---

[18] El epíteto es deliberado. Él narra en su libro "Lourdes" la historia de un caso imaginario de una chica, que padece tuberculosis, que va a Lourdes como peregrina y aparentemente se cura. Recae, sin embargo, durante la vuelta a casa; y el caso

extremadamente difícil que le resulta a la imaginación percibir lo que no ha experimentado nunca (pues, después de todo, los milagros son palmariamente milagrosos y, por tanto, claramente inusuales) el efecto de todo esto provocó que mi estado mental fuera muy distante. ¿Creía? Sí, supongo; pero se trataba de un vacilante acto de fe puro y simple, no una convicción real.

La cruz, entonces, fue el primer destello de la presencia de Lourdes; y diez minutos más tarde estábamos en el centro de la ciudad.

Lourdes no es bonita, aunque debió de serlo. Antiguamente era una ciudad franco-española, situada en la falda de las montañas, con un río de corriente rápida, ancho y poco profundo, el Gave, que fluye por la parte de debajo de la ciudad. Ahora es cosmopolita y, por ello, común. Mientras pasábamos lentamente a través de las calles atestadas de gente, porque acababa de empezar la Peregrinación Nacional, vimos filas interminables de tiendas y cabinas de refugio bajo las casas blancas y altas, tan correctas e inexpresivas como un hombre

---

parece ser un ejemplo claro de mejora debido a la intensa emoción y al mero poder de sugestión, por los cuales se produce una mejora temporal, pero no una curación permanente ni sobrenatural. ¿Se puede creer que los pormenores de esta historia, relatada con gran profusión de detalles y observada por Zola en persona, se tomaron de un caso concreto ocurrido durante una de sus visitas, a excepción de la recaída? No hubo recaída: la curación fue completa y permanente. Cuando el Dr. Boissarie cuestionó más tarde al autor respecto a la honestidad de su artificio literario, diciendo que creía que el autor había afirmado que había ido a Lourdes con el objetivo de llevar a cabo una investigación imparcial, Zola respondió que los personajes de su libro eran suyos y que podía hacer con ellos lo que quisiera. El libro, pues, está construido según estos principios. Por si fuera poco, Zola siguió el caso y se comunicó con la *miraculée* mucho después de que su curación se mostrara permanente y antes de que su libro se publicara.

sin gusto, pero de muy buena cuna. Cada dos por tres pasábamos junto a un gran hotel. La multitud que rodeaba nuestras ruedas era casi tan cosmopolita como la de Roma. Estaba compuesta sobre todo por franceses, tantos como italianos; pero también había españoles, hombres y mujeres de rostros intensos, severos bretones, teutones solemnes; y, sin duda, también belgas, flamencos y austríacos. Al menos, durante los tres días de mi estancia escuché todos los idiomas que podía reconocer y muchos que no. Había muchos coches a motor además del nuestro, carruajes, carros, tranvías dotados de sonoras campanas y las literas de los enfermos. Enseguida bajamos del coche en una calle secundaria y nos dispusimos a caminar hasta la gruta, bajo el cálido sol de la tarde.

El primer signo de santidad que vimos, al salir de la calle, era la mole de las iglesias construidas en el terreno elevado sobre el río. Imaginen en primer lugar un gran óvalo en campo abierto, quizá de unas doscientas o trescientas yardas de área, llena ahora de grupos tan atareados como hormigas, parcialmente abrazados por dos brazos curvos de obra elevándose de forma constante hasta que se unen; en el lado contrario donde los extremos se deberían encontrar si se prolongaran, se yergue una imagen blanca de piedra de Nuestra Señora sobre un pedestal, coronada, y medio rodeada en la parte de abajo por una especie de guirnalda metálica que se arquea hacia arriba. En el extremo más alejado de las dos curvas de obra de las que he hablado, se llega hasta arriba con escaleras hasta una terraza, donde todos los accesos convergen. Esta terraza, por así decirlo, es el centro de gravedad del conjunto.

Pues justo encima se encuentra la cúpula achatada de la Iglesia del Rosario, cuyas puertas están bajo la terraza, situadas sobre anchos tramos de escaleras. Inmediatamente encima de la de la cúpula está la entrada a la cripta de la basílica; y, sobre ella, a la que se llega por otros tramos de escaleras, están las puertas de la basílica; y, más arriba, el tejado de la misma iglesia, con su altísima aguja blanca en lo alto.

Pero seamos claros. Estos edificios no son nada hermosos. Son enormes, pero no son impresionantes; son elaborados y finos y blancos, pero no son elegantes. No estoy seguro de cuál es el problema, pero creo que parecen haber salido de una máquina. Son… demasiado elegantes; son como un hombre bien vestido que no tiene el porte de un caballero; son como un invitado de boda; son *haute-bourgeoise*, no son la nobleza. Da mucha pena, pero supongo que no se podía evitar, ya que tuvieron tan poco tiempo para construir. No hay sentido de la reflexión en ellos, no hay un crecimiento paciente del carácter, como en esas gloriosas catedrales, Amiens, Chartres, Beauvais, que había visto recientemente. No hay nada en la reserva; lo dicen todo, no sugieren nada. No tienen un aspecto imaginativo.

No nos dijimos una palabra. Seguimos nuestro camino a través del terreno, en diagonal, y vimos, al pasar, la Oficina de las Constataciones (o la oficina donde se sientan los médicos), ideada cerca del brazo izquierdo de la basílica; y atravesamos un arco, y nos encontramos con las iglesias a nuestra izquierda y a la derecha el caudaloso Gave, y entre ellos un paseo a diferentes niveles y extensos campos más allá del río.

Lo primero que me llamó la atención fueron los tres tejados de las piscinas, a la izquierda del camino, construidos bajo la ladera escarpada sobre la que se alzan las iglesias. No diré más de ellos ahora, pero baste recalcar, de momento, que parecen tres pequeñas capillas, unidas en una sola, cada una con su propia puerta de entrada, más allá de la cual yace un espacio pavimentado, donde los doctores y sacerdotes atienden a los enfermos. Este espacio abierto está vallado, para mantener alejada a la multitud que siempre bulle por allí. Caminamos un poco más, nos hicimos paso entre la muchedumbre y nos pusimos de rodillas.

En lo alto, se alzaba una pared de piedra, rocas colgando abajo, hierba y árboles arriba, y a los pies del talud una gruta alta e irregular. Hay dos aberturas en esta gruta; la más grande es como una jaula de barandillas, con el destello de un altar más allá en la penumbra, unas cien velas ardiendo y montones de muletas colgadas de los quebrados techos de roca; la otra, más pequeña, y más alejada de nosotros, es una apertura en la roca que tiene una forma parecida a una *vesica*[19]. La hierba todavía crece allí, con helechos y el famoso arbusto trepador; y en la entrada, enmarcada en ella, se yergue María, de blanco y azul, como estuvo allí hacía cincuenta años, a unos veinte pies por encima del suelo.

"¡Oh, esa imagen!", dije, "¡como estuvo allí!" Pero no pudo haber estado así; porque probablemente ni siquiera la sencilla Bernadette habría caído de rodillas. Es demasiado

---

[19] Nota del traductor: en el original se encuentra la palabra *vesica*, en latín, que significa vejiga, bolsa de piel o ampolla. Hemos preferido dejar la palabra latina que Benson ha utilizado.

blanca, es demasiado azul; es como las tres iglesias, magníficas, pero no impresionantes; bella y esbelta, pero no elegante.

Pero nos arrodillamos allí sin sensación de irrealidad, con el río fluyendo veloz detrás de nosotros; porque nos arrodillamos donde una niña santa se había arrodillado una vez ante una visión radiante, y con más razón aún; porque, aunque ella, como algunos dicen, hubiera sufrido una alucinación, ¿era esa gente enferma una alucinación? ¿Fue la pierna curada de Pierre de Rudder[20] una alucinación, o las heridas curadas de Marie Borel[21]? ¿O lo eran esas cientos y cientos de muletas en desuso una ilusión? ¿La subjetividad creó todo esto? Si es así, ¿qué mayor milagro[22] se puede exigir?

Y aún había más. Pues cuando más tarde, en Argèles, repasé el día, pude formular por primera vez las impresiones extraordinarias que Lourdes me había provocado. Allí todo era hostil para mí: una multitud incalculable, un calor agobiante, polvo, ruido, cansancio; estaba también la decepción de las iglesias y de la imagen; estaba la amarga falta de familiaridad del lugar y de la experiencia; y, sin embargo, no estaba

[20] Nota del Traductor: Pierre de Rudder (1822-1898) era un obrero belga que fue curado de la fractura abierta de una pierna y con pseudo-artrosis. La curación se produjo el 7 de abril de 1875 y el milagro fue reconocido el 25 de julio de 1908.
[21] N. del T.: Marie Borel (1879-?) A los 22 años sufrió varios ataques de apendicitis aguda. La operaron en 1903. Unos meses más tarde se formó un absceso debajo de la incisión y se formó una fístula que no se cerraba, a pesar de los esfuerzos médicos. En 1905 aparecieron otros abscesos, mucho más serios, que llegaron a invadir el colon. Fue curada inexplicablemente en Lourdes el 21 de agosto de 1907. Esta curación fue reconocida como milagro el 6 de abril de 1911.
[22] N. del T.: Las muestras de agudeza e ironía de Benson son habituales. En este caso ironiza con la idea de que, si todas estas curaciones son obra de la subjetividad, como critican muchos detractores, y no son hechos objetivos, se debe reconocer que esto también debería ser considerado un milagro.

ni preocupado ni irritado ni decepcionado. Tuve la sensación de que había una gran influencia benigna, reconfortante y satisfactoria; extendiéndose como una gran brisa veraniega por todas partes, para tranquilizar y animar. No sabría describirlo mejor; solo puedo decir que nunca me abandonó esta sensación durante aquellos tres días. Vi cosas que me habrían entristecido en cualquier otro lugar (aparentes injusticias, ciertas decepciones, esperanzas frustradas que casi me habrían roto el corazón), sin embargo, ese gran Poder estaba en todas partes, para reconciliar, tranquilizar y alentar. Al final, marcharse de Lourdes fue como marcharse de casa.

Después de unos pocos minutos ante la gruta, subimos la colina que hay detrás, y reservé un altar para celebrar la misa al día siguiente; subimos al coche de nuevo y nos desplazamos lentamente a través de las calles abarrotadas de gente y luego con rapidez por las carreteras rurales, hasta Argèles, a unas doce millas de allí.

II

Volvimos a Lourdes la mañana siguiente un poco más tarde de las 6:00 de la mañana; pero parecía mediodía porque las calles estaban llenas de peregrinos. Desde cada rincón nos llegaban leves ráfagas de canciones; y aquí y allí en medio de la multitud ya se movían los *brancardiers* (hombres de toda nación con correa en bandolera y una cruz) que llevaban literas con las cargas más lastimosas.

Tenía que celebrar misa en la cripta; y cuando finalmente llegué allí, la iglesia estaba llena de cabo a rabo. El interior no me decepcionó tanto como esperaba. Tenía un cierto aire de catacumba bajo un techo bajo y curvado, que, si no hubiera sido por los colores y algún detalle, podría haber salido de la mano de un buen arquitecto. La logística para los peregrinos era de lo peor que he visto; no había orden, ni organización; se movía una multitud contra otra multitud como rebaños de ovejas confundidas. Algunos estaban allí para recibir la comunión, otros solo para la misa, algunos para confesarse y se empujaban pacientemente por aquí y por allá en todas direcciones. Hubo un conflicto antes de revestirme; saqué una carta del obispo de Rodez, con quien había comido hacía unos días; discutí, desaprobé, persuadí, cité. De nuevo, todo iba en contra de mi paz interior; sin embargo, rara vez he celebrado misa con más consolaciones que en aquel diminuto santuario del altar supremo... Un eclesiástico servía en la mía, y un sacerdote anciano se arrodilló devotamente en un reclinatorio.

Cuando llegó el momento de la comunión, me giré y vi un mar de rostros que se extendía desde el comulgatorio hasta donde podía observar, muy adentro en la oscuridad. Di la comunión rápidamente durante un cuarto de hora; luego, en cuanto otro sacerdote pudo abrirse camino a través del gentío, seguí la misa; no había terminado de dar la comunión él cuando yo ya había acabado la acción de gracias. Esto ocurría en todas partes: en la cripta, en la basílica, en la iglesia del Rosario y, sobre todo, en la gruta. El promedio diario de comuniones cada día al cabo del año en Lourdes era de cuatro mil, me dijeron. En ese año jubilar, sin embargo, el doctor Boissarie me informó de que en números redondos se habían repartido un millón de comuniones y se habían celebrado unas sesenta mil misas con unas dos mil comuniones cada una... ¿Se va Jesucristo cuando María entra? Eso nos dicen los no católicos. Más bien parece como si, al igual que los Reyes Magos, los hombres todavía encontraran al Hijo con María, su madre.

Al acabar la misa, el sacerdote anciano se levantó y comenzó a preparar los vasos sagrados y el misal. En cuanto me quité los ornamentos, se los puso él. Asentí pasivamente, pues supuse que era el siguiente en la lista; incluso respondí a su *Kyrie*. Pero en la colecta un sacristán frenético irrumpió en medio de la multitud; y a juzgar por los comentarios que nos hizo al devoto sacerdote y a mí mismo, entendí que el siguiente en la lista estaba todavía esperando en la sacristía, y que este anciano sacerdote era un hábil, aunque pío, intruso que había decidido no aceptar un "no" por respuesta. Acabó su misa. Me abstengo de comentar.

Un rato después estábamos en la terraza situada sobre las piscinas; y, de hecho, después del desayuno volví al mismo sitio solo y permanecí allí durante toda la mañana. Era una vista extraordinaria. Desde la terraza, la pendiente vertical caía directamente sobre los tejados de los tres edificios con forma de capilla, unos cincuenta o sesenta pies. Más allá podía ver el espacio pavimentado, salpicado por algunas figuras móviles; y, pasada la barrera, la multitud se extendía a lo largo de la calzada y a ambos lados. Detrás estaba el río limpio y los verdes prados, todo ello bañado con el delicioso sol matinal.

Durante aquella mañana debí de ver cómo llevaban a varios cientos de enfermos hasta los baños. Había unos dos mil enfermos en Lourdes aquel día. Incluso podía ver sus caras, blancas y retraídas por el dolor, o terriblemente asustadas, mientras yacían en sus camillas justo debajo de donde yo me encontraba, "esperando que alguien los metiera en el agua"[23]. Vi hombres y mujeres de todas las naciones y todos los rangos atendiéndoles, llevándolos cariñosamente, abanicándoles la cara, enjugándoles los labios, dándoles de beber el agua de la gruta. Un murmullo de miles de pisadas me llegaba desde abajo (en esta peregrinación nacional de Francia participaban entre ochenta y cien mil personas); y, sobre las pisadas, se

---

[23] N. del T.: Hace referencia al pasaje evangélico de la piscina de Siloé que se encuentra en Jn 5, 1-16.

escuchaban con fuerza los gritos de los sacerdotes, que estaban delante de la gente en una larga fila, con los brazos en cruz. De vez en cuando llegaba el lejano sonido de cantos que provenían de la gruta, situada a mi izquierda, donde obispos y sacerdotes privilegiados decían misas de forma continuada; o desde mi derecha, desde el gran espacio ovalado bajo los escalones; y entonces, de repente, un gran coro de sonido justo abajo, mientras el *Gloria Patri* irrumpía al llegar al final de una decena del rosario. Alrededor estaba la tierra girando, los Pirineos detrás, los prados delante; y encima el cielo, con María observando.

Una vez, desde abajo, durante aquella larga mañana, escuché unos gritos terribles, como de endemoniado, que desembocaron en gemidos y, finalmente, cesaron. Y también vi una pequeña procesión pasar por delante de la gruta, con el Santísimo Sacramento en el medio. Sin emoción, sin cantos. Como si el Señor de todo fuera a hacer un recado y los hombres se arrodillaban y se santiguaban mientras pasaba.

Después de desayunar en el Hotel Moderne, donde habíamos decidido permanecer hasta el lunes, fuimos a la Oficina. Al principio hubo dificultades, pues los doctores no habían llegado; y yo me entretuve un poco observando cómo descargaban las camillas de los carros que las habían traído con cuidado hasta unas cien yardas de la gruta. Una vez, de hecho, me alegré de poder colocar las correas de un *brancardier* en los postes que sostenían a una mujer enferma. Era totalmente terrible y totalmente hermoso. Figura tras figura pasaba a lo largo de los asientos (auténticos crucifijos de dolor) y bajados cariñosamente hasta el suelo, para yacer allí un instante, con el cuerpo extremadamente delgado y casi inexistente debajo de la sábana; y su rostro blanco, ojos ardientes de angustia, o pasivos y medio muertos, para mostrar simplemente que una criatura humana yacía allí. Luego, los levantaban con cuidado y los conducían con suave balanceo hasta el portón de las piscinas.

Alrededor de las tres, después de una hora de espera, me las arreglé para pasar una tarjeta por la ventana, e inmediatamente recibí un mensaje del Dr. Cox. Podía entrar. Pasé una barrera, entre un par de habitaciones y me encontré en el Lugar Santo de la Ciencia, como la gruta es el Lugar Santo de la Gracia.

Es una habitación pequeña en la que quizá puedan caber cómodamente de pie unas veinte personas. Pero había más de sesenta. A un lado había una mesa, al final de la cual estaba sentado el Dr. Cox; en el centro, encarada hacia la habitación, está la silla del presidente, donde habitualmente se encontraba el Dr. Boissarie. El Dr. Cox me situó entre él y el presidente y empecé a observar.

En el lugar más alejado de la sala hay una larga vitrina colgada de la pared con fotografías. Allí se encuentran las fotografías de muchos de los pacientes más famosos. Allí se veían las heridas de Marie Borel; Marie Borel, en persona, había estado en la Oficina esta misma mañana para informar sobre su excelente salud. (Fue curada hace un año instantáneamente, en la piscina, de una serie de heridas abiertas, tan profundas que llegaban a los intestinos.) Sobre la mesa había unos objetos metálicos muy curiosos. Me enteré luego de que se trataban de modelos de los huesos de las piernas de Pierre de Rudder. (Este hombre había sufrido durante ocho años de una pierna rota y dos heridas abiertas –una en la fractura y la otra en el pie-. Estaban gangrenadas. Inmediatamente antes de la curación, se veían los extremos de los huesos rotos. Esta tuvo lugar instantáneamente en el santuario de Nuestra Señor de Lourdes en Oostacker. Pierre vivió unos veinte años más después de la restauración repentina y completa de su salud). Por lo demás, la sala era bastante sencilla. Hay pocas sillas. Otra puerta conducía a una pequeña estancia donde los enfermos pueden ser examinados con intimidad; una tercera y una cuarta conducen directamente a la calle cada una por un lado diferente. Hay dos ventanas, cada una mirando respectivamente a un lado y a otro.

Pasé mucho tiempo en la Oficina. (De hecho, me dieron una "cruz de doctor" para que la llevara –consistía en una especie de tarjeta con el brazo vertical blanco y el horizontal rojo-, para que pudiera entrar y salir a mi antojo). Pude, por fin, organizar de una vez todas las impresiones que había recibido al observar los métodos de los doctores. Allí había todo tipo de doctores: católicos y librepensadores, ancianos, jóvenes y de mediana edad. Los casos se discutían con total libertad. Cualquiera podía hacer preguntas sobre los *miraculés* o sobre los otros doctores. Los certificados de los enfermos se leían en voz alta. Debo decir que, si había la más mínima duda respecto de los certificados, si había cualquier suposición de que se trataba de una afección nerviosa, cualquier posibilidad de error, el caso se desestimaba sin más. Estos certificados, pues, traídos por el médico que atendía a la persona enferma, firmados y fechados, son de suma importancia; pues sin ellos no se registra ninguna cura. Sin embargo, a pesar de estas exigencias, vi que siempre había unas sesenta o setenta personas, en silencio, mirando fijamente, escuchando con toda atención, mientras un pobre hombre o mujer sin educación, sonriendo radiantemente, relataba su historia o respondía las preguntas tan amables como abruptas del doctor que presidía.

Una y otra vez, me daba la impresión de que todo esto ya había ocurrido antes. Érase una vez un hombre ciego de nacimiento que recuperó la vista, y a su alrededor se reunieron otro tipo de doctores de mirada crítica. Intentaron hacerle preguntas. Era inaudito, gritaban, que un hombre ciego de nacimiento hubiera recuperado la vista; al menos aquello no podía haber ocurrido como el hombre relató. Sin embargo, allí estaba aquel hombre en el medio, mirándolos mientras ellos le miraban y dando su testimonio. "Así es", dijo él, "como se produjo. Tal y tal es el nombre del Hombre que me curó. ¡Mirad con vuestros propios ojos! Estaba ciego y ahora veo".

Después de observar y tomar notas y hacer preguntas al Dr. Cox, llegó el Dr. Boissarie. Me lo presentaron; y, de hecho, me tomó aparte, junto con un sacerdote escocés (que se mostró muy amable conmigo durante toda mi estancia) y empezó a hacerme preguntas. Parecía que, como no había un *miraculé* físico presente en ese momento, un *miraculé* espiritual también serviría. Me hizo muchísimas preguntas sobre mi conversión y sus causas, y qué papel jugó la oración en todo el proceso, y los médicos se apiñaban a nuestro alrededor y escuchaban mi francés vacilante.

–¿Fue la necesidad de un líder divino, una autoridad, lo que le atrajo, entonces?

Ilustración 3. Dr. Boissarie.

–Sí, fue eso; fue la posición de san Pedro en las Escrituras y en la historia; fue la unidad sobrenatural de la Iglesia. Es imposible decidir qué argumento fue el que predominó.

–De hecho, fue la gracia de Dios –sonrió el doctor.

El Dr. Boissarie, y también el Dr. Cox fueron extremadamente buenos conmigo. Es un hombre anciano, rostro agudo, inteligente y marcado por las arrugas; es de altura media y camina muy lenta y pausadamente; es un católico ferviente. Es muy agudo y serio, pero hay un aire de maravillosa bondad y amabilidad a su alrededor. Te toma el brazo de una forma muy agradable. He visto pacientes dilatorios y divagantes volver en sí en un instante, pero sin asustarlos.

El Dr. Cox, que llevaba catorce años en Lourdes, es un inglés típico, rubicundo, con bigote blanco. Su labor es básicamente de secretario, aunque, de vez en cuando, también hace preguntas. Fue el que me dio la "cruz de doctor", y el que me consiguió un favor incluso más excepcional, del cual hablaré en el lugar adecuado. Escuché una historia en la que él mismo fue curado de una enfermedad en Lourdes, pero no puedo dar fe de que sea cierto. No encontré el momento para preguntarle directamente.

En ese momento llegó el sonido de un canto organizado desde el exterior y la habitación empezó a vaciarse. Se acercaba la procesión de la tarde. Corrí hacia la ventana que mira hacia la gruta; y allí, sentado al lado de un padre asuncionista –de esa orden que alguna vez estuvo oficialmente a cargo de la gruta, y ahora está extraoficialmente– vi pasar la procesión.

No tengo ni idea del número. Solo veía más allá de la fila de cabezas justo al otro lado de la ventana una interminable doble fila de hombres, cada uno llevando una vela encendida y cantando. Había personas de todo tipo en esas filas, grupos de niños y jóvenes, con su sacerdote marcando el paso en medio de ellos; hombres de mediana edad y ancianos. Vi una y otra vez ese tipo de rostro que un británico tonto está acostumbrado a considerar como absurdo: militar, perfil de mosquetero, bigotes inmensos e imperiales, y cabello *en brosse*. Pero de hecho no hay nada absurdo. Era terriblemente conmovedor y se me hizo un nudo en la garganta, mientras observaba un rostro sanguíneo y erizado, encendido de pasión y adoración. Tal hombre podría ser un tendero o un alcalde local o un duque; todos eran uno; era un hijo de María y la amaba con todo su corazón y con el saludo de Gabriel en los labios. Entonces los sacerdotes empezaron a llegar; largas líneas de negro; a continuación, con sobrepellices blancos; luego destellos púrpuras; luego una cruz pectoral o dos; y por último el gran palio balanceándose con sus velas y sus borlas.

III

Ahora bien, es hacia el final de la procesión de la tarde en la que se suelen curar los enfermos. Crucé la Oficina hasta la otra ventana, la que mira hacia lo que llamaré la plaza, y empecé a esperar la reaparición de la procesión por ese lado. Frente a mí había una densa multitud de cabezas, que se hacían más densas conforme se iba uno acercando a las barreras que encierran el espacio abierto central. Yo ya sabía que detrás de esas barreras los enfermos yacían listos para el paso de Jesús de Nazaret. A la derecha se elevaba la amplia extensión de escalones y terrazas que conducían a la basílica, y cada línea de piedra estaba coronada con cabezas. Incluso en los peñascos que hay más allá, pude ver figuras que iban y venían y miraban. Calculo que estaban presentes unas ochenta mil personas.

Al cabo de un rato, el canto aumentó de volumen de nuevo; la procesión había doblado la esquina y entrado en la plaza; y pude ver el palio moviéndose rápidamente hacia la Iglesia del Rosario, porque ya había concluido su recorrido. El Santísimo Sacramento lo iban a llevar entre las filas de los enfermos, debajo de un *ombrellino*.

Describiré todo esto más adelante, y con más detalle; baste decir ahora que el Santísimo Sacramento dio la vuelta, que finalmente fue llevado a las gradas de la Iglesia del Rosario, y que, después de que aquella enorme multitud cantara, se procedió a dar la bendición. Entonces la Oficina comenzó a llenarse y dirigí mi atención hacia el aspecto científico del asunto.

Lo primero que vi fue a una niña pequeña, que parecía tener ocho o nueve años, que entró y se quedó en pie al otro lado de la mesa para ser examinada. Su nombre era Marguerite Vandenabeele -así leo en el certificado- y padecía desde su nacimiento una parálisis infantil, de tal forma que no podía apoyar los talones en el suelo. Aquella mañana en la *piscina* se había dado cuenta de que podía caminar correctamente, aunque le dolían los talones por el desuso. Los médicos que habían comenzado de nuevo a llenar la sala, y yo, junto con tres o cuatro aficionados más, la observamos. Allí estaba ella, muy tranquila y sin emociones, con el rostro ligeramente sonrojado. Una persona anciana a cargo de ella entregó el certificado y contestó las preguntas. Y luego se fue[24].

Ahora bien, debo suponer que las curaciones que tuvieron lugar mientras yo estaba en Lourdes aquel agosto no pueden considerárse todavía en firme, ya que no ha

---

[24] *La Voix de Lourdes*, un periódico semioficial, relata sobre ella lo siguiente en su edición del día 23 : "...Marguerite Vandenabeele, 10 ans, de Nieurlet, hameau de Hedezeele, (Nord), est arrivée avec un des trains de Paris, portant un certificat du Docteur Dantois, date de St. Momeleu (Nord) le 25 mai, 1908, la déclarant atteinte d'atrophie de la jambe gauche avec pied-bot équin. Elle ne marchait que très difficilement et très péniblement. A la sortie de la piscine, vendredi soir, elle a pu marcher facilement. Amenée au Bureau Médical, on l'a débarrassée de l'appareil dans lequel était enfermé son pied. Depuis, elle marche bien, et parait guérie".

transcurrido suficiente tiempo para su prueba y verificación[25]. A veces hay una recaída poco después de la curación aparente, en el caso de ciertas enfermedades que pueden estar más o menos relacionadas por una condición nerviosa; a veces, resulta que los que aseguran haber sido curados no lo han sido en absoluto. Por el bien de la certeza científica, por lo tanto, es mejor confiar en las curaciones en las que se conserva la salud restaurada, una vez ha transcurrido un año, o al menos algunos meses. Hay, por supuesto, muchos casos como estos. Los abordaré enseguida[26].

El siguiente paciente en entrar en la habitación fue Mlle. Bardou. Más tarde supe de sus labios que era una monja carmelita secularizada, expulsada de su convento por el gobierno francés. Había además un punto de interés en su curación porque, cuando me fui de Lourdes, era cuanto menos dudosa.

Pero en aquel momento tomó asiento, con un rostro radiante de felicidad, para entregar su certificado y responder las preguntas. Había padecido tuberculosis renal; su certificado lo demostraba. Ella misma estaba allí, sin dolor ni incomodidad, para demostrar que ya no sufría. El alivio había llegado durante la procesión. Le hicieron una pregunta o dos; se quedó con ella para que volviera después de un examen y se fue.

---

[25] Esto se escribió en otoño de 1908, año en que tuvo lugar mi viaje.
[26] Desde 1888 las curaciones registradas se estiman así: 1888, 57; 1889, 44; 1890, 80; 1891, 53; 1892, 99; 1893, 91; 1894, 127; 1895, 163; 1896, 145; 1897, 163; 1898, 243; 1899, 174; 1900, 160; 1901, 171; 1992, 164; 1903, 161; 1904, 140; 1905, 157; 1906, 148; 1907, 109.

La habitación empezaba a llenarse rápidamente; había cuarenta o cincuenta personas presentes. Hubo un revuelo repentino; los que estaban sentados se levantaron; y entraron en la sala tres obispos vestidos de púrpura, el de Sao Paulo, Brasil, el obispo de Beauvais, y el famoso orador monseñor Touchet, de Orleans, los cuales habían participado en la procesión. Enseguida se sentaron y prosiguió el examen.

La siguiente en entrar fue Juliette Gosset, de veinticinco años, de París. Tenía un rostro liso y oscuro y era de tamaño mediano. Respondió a las preguntas con bastante calma, aunque por debajo se percibía un evidente entusiasmo reprimido. Se había curado durante la procesión, dijo, y se había puesto de pie y caminado. ¿Y su enfermedad? Mostró un certificado, fechado en marzo anterior, en el que se afirmaba que padecía una tuberculosis grave, especialmente en el pulmón derecho. También agregó que desde entonces había desarrollado una enfermedad de la cadera, una pierna se había vuelto siete centímetros más corta que la otra y durante algunos meses no podía sentarse ni arrodillarse. Sin embargo, aquí caminaba y se sentaba sin la menor incomodidad aparente. Cuando terminó su relato, un médico señaló que el certificado no decía nada de ninguna enfermedad de la cadera. Ella asintió, explicando nuevamente la razón; pero agregó que el hospital donde se alojó en Lourdes corroboraría lo dicho. Luego desapareció tras la puerta de la pequeña habitación privada para ser examinada.

Siguió una monja, pálida y de ojos negros, que gesticulaba mientras se situaba al lado del Dr. Boissarie y contaba su historia. Habló muy rápido. Supe que había padecido una

grave enfermedad interna y que se había curado instantáneamente en la *piscina*. Entregó su certificado y también se fue.

Al cabo de unos minutos volvió el médico que había
examinado a Juliette Gosset. Creo que esto debería impresio-
nar a los incrédulos, porque el caso fue descartado y, probablemente, no aparecerá en los registros. Era perfectamente
cierto que la niña había tenido tuberculosis y que ahora no se
detectaba nada excepto síntomas levísimos en el pulmón derecho, tan leves que eran insignificantes. También parecía ve-
rosímil que hubiera tenido una enfermedad de la cadera, ya
que había en su cuerpo ciertas marcas de tratamiento por que-
maduras. Por lo demás, ahora sus piernas tenían exactamente
la misma longitud. El certificado, sin embargo, tenía cinco meses de antigüedad y no mencionaba la enfermedad de la cadera;
y, además, siete centímetros eran demasiados centímetros. Así
que el caso se pospuso a la espera de ulteriores investigaciones;
y allí estaba cuando me fui de Lourdes. Los médicos no daban
crédito a los siete centímetros.

Siguió uno de los casos más curiosos de todos. Era una
antigua *miraculée* que volvía después de un tiempo para so-
meterse a un examen; su caso se relata extensamente en *OEu-
vre de Lourdes del Dr. Boissarie,* en las páginas 299-308[27]. Su
nombre era Marie Cools, y provenía de Amberes. Al parecer
aquejada del mal de Pott[28], parálisis y anestesia de las piernas.

---

[27] Mis notas son actualmente bastante ilegibles, pero no tengo ninguna duda de que se trataba de Marie Cools.
[28] N. del T.: El mal de Pott, también conocido como enfermedad de Pott o tuberculosis vertebral es una presentación de la tuberculosis que afecta especialmente a la columna vertebral, se trata por tanto de un tipo de artritis

Estuvo unos tres años en este estado. Los médicos consultados discreparon en cuanto a su caso: dos lo diagnosticaron como se ha mencionado anteriormente, otros dos como histeria. Durante diez meses había padecido, además, fiebres constantes; estaba continuamente enferma, y sus digestiones eran dolorosas y difíciles. Tenía una marcada desviación lateral de la columna vertebral, con atrofia de los músculos de las piernas. En el segundo baño comenzó a mejorar y cesaron los dolores de espalda; en el cuarto baño la parálisis desapareció, recuperó su apetito y cesó la enfermedad. Ahora venía para anunciar que seguía gozando de buena salud.

Hay una serie de hechos interesantes sobre este caso; y el primero es el testimonio del médico incrédulo que la envió a Lourdes, ya que le parecía que la "sugestión religiosa" era la única esperanza que le quedaba. Él, por cierto, había diagnosticado su caso como de histeria. "Tuvo un resultado", escribe, "que yo, aunque no soy creyente, solo puedo calificar como maravilloso. Marie Cools regresó completamente, absolutamente curada. Sin rastro de parálisis o anestesia. No requiere de silla de ruedas; y, como dos enfermeras están enfermas de tifus, ella está sustituyendo a una. Otro hecho interesante es que se desató una tormenta por su curación, y que el Dr. Van de Vorst fue despedido del hospital en las elecciones subsiguientes, con la sospecha de que la causa de su despido fue haberle aconsejado a la muchacha que fuera a Lourdes.

---

tuberculosa que afecta las articulaciones intervertebrales. El nombre proviene de Percivall Pott (1712-1788), cirujano londinense.

Ilustración 4. Oficina de las constataciones

El Dr. Boissarie hace uno o dos comentarios interesantes sobre el caso, admitiendo que quizá haya sido histeria, pero que no está seguro. "Cuando se trata de enfermedades nerviosas, debemos recordar siempre las reglas de Benedicto XIV: 'El milagro no puede consistir en el cese de las crisis, sino en el cese del estado nervioso que las produce'". Esto es lo que se ha logrado en el caso de Marie Cools. Y otra vez: "O Marie Cools no está curada, o hay en su curación algo más que sugestión, incluso religiosa. Ya es hora de dejar ese cuento en paz y dejar de clasificar bajo el título de sugestión religiosa dos órdenes de cosas completamente distintas: modificaciones superficiales y momentáneas, y modificaciones constitutivas tan profundas que la ciencia no puede explicar. Repito: convertir a un paciente histérico en una persona perfectamente equilibrada... es más difícil que la curación de una herida".

Así escribió en el momento de su aparente curación, dudando aún de que permaneciera en el tiempo. Y aquí, a mis ojos y a los suyos, ella estaba ahí de nuevo, sana y en buen estado.

Luego me fui a cenar. Siguió después una escena muy diferente. Durante un par de horas habíamos sido materialistas, preocupándonos no de lo que María había hecho por gracia, al menos no en ese aspecto, sino de lo que la naturaleza mostraba haber hecho, por cualquier medio, en sí misma. Ahora volvíamos a dirigirnos a María.

Estaba oscuro cuando llegamos a la plaza, sin embargo, todo el lugar estaba lleno de luces terrenales. En lo alto, a nuestra izquierda, se alzaba la iglesia, perfilada por el fuego, en llamas, abigarrada, me atrevo a decir, con sus mágicas luces eléctricas, pero que hablaban las tres cuartas partes de esta multitud en el idioma más elevado que conocían. La luz, después de todo, es lo más celestial que poseemos. ¿Importa tanto si está engalanada y arreglada de manera que a las personas educadas les parezca que viste una moda refinada?

La muchedumbre misma se había convertido en una serpiente de fuego, que se retorcía en interminables e intrincadas espirales; a lo largo de los escalones y parapetos, una línea larga y lenta. Y de toda aquella multitud surgieron ráfagas y estruendos de cantos, porque cada uno llevaba una antorcha encendida y cantaba con su grupo. La música era de todo tipo. De vez en cuando sonaba el *Laudate Mariam* de una compañía, siguiendo hasta cierto punto el movimiento general de la procesión, y cantando con libritos de papel que cada uno leía a la luz de su farol agitado por el viento; ahora el *Gloria Patri*, mientras el grupo pasaba rezando el Rosario; pero sobre todo sonaba la canción de Bernadette, que describía cómo la pequeña niña pasaba un día por las orillas del Gave, cómo oyó un sonido atronador y, al volverse, vio a la Señora, etc. Y cada estrofa terminaba con un

¡Ave, ave, ave María!

que creo que resonará en mis oídos hasta que muera.

Fue un espectáculo asombroso ver a esa muchedumbre y oír aquellos cantos, y observar a cada grupo a medida que pasaba: ahora muchachas, ahora muchachos, ahora jóvenes robustos, ahora viejos peregrinos veteranos, ahora una anciana encorvada; cada rostro iluminado por la suave vela envuelta en papel, y cada boca cantándole a María. Apenas uno de cada mil vino a curarse de alguna enfermedad; tal vez ni uno de cada quinientos tuviera algún amigo entre los pacientes; sin embargo, allí estaban, atraídos a través de millas de la calurosa Francia, para dar, no para recibir. ¿Puede Francia, entonces, estar tan podrida?

Cuando me quedé dormido esa noche, el último sonido del que fui consciente fue todavía ese coro como de cañones, que venía de la plaza:

¡Ave, ave, ave María!

¡Ave, ave, ave María!

IV

Me DESPERTÉ con aquel mismo canto de nuevo, en mi habitación situada sobre la puerta del hotel; y bajé enseguida a decir misa en la iglesia del Rosario, donde, por la amabilidad del sacerdote escocés del que he hablado, me habían reservado un altar. La iglesia del Rosario es bastante bonita por dentro. Tiene una inmensa cúpula achatada, más allá de la cual se alza el altar mayor; y alrededor hay quince capillas dedicadas a los Quince Misterios, que están pintados sobre sus respectivos altares.

Pero yo iba a decir misa en una pequeña capilla provisional situada a la izquierda de la entrada, apañada, supongo, a partir de lo que normalmente se usaría como una especie de sacristía. El lugar tenía apenas cuarenta pies de largo; su altar mayor, en el que yo me vestía y decía misa, estaba en el extremo más alejado; pero cada lado, también, estaba ocupado por tres sacerdotes, celebrando simultáneamente en altares de piedra colocados sobre largas tarimas que corrían a lo largo de la capilla. Todo el resto del espacio estaba abarrotado; de hecho, tan grande era la multitud en la iglesia que apenas había sido posible entrar en la capilla.

Después de desayunar, bajé de nuevo a la Oficina y me encontré con que ya habían comenzado a trabajar. El primer caso, que estaba en curso cuando entré, era el de una mujer (cuyo nombre no pude captar) que se había curado de tisis el año anterior, y que ahora volvía para informar de que seguía gozando de buena salud. La acompañaba su cuñado, que comentó con satisfacción que toda la familia volvía a la práctica religiosa. Durante esta investigación, vi también a Juliette Gosset sentada a la mesa, aparentemente en buen estado de salud.

Siguió Natalie Audivin, una joven que declaró que se había curado el año anterior, y que suponía que su caso había sido registrado en los libros; pero no habían encontrado su nombre, por lo que el caso fue desestimado.

Vi entonces a un sacerdote capuchino en la habitación –un hombre pequeño, sonrosado y con barba– y supuse que estaba presente como mero espectador; pero uno o dos minutos después el doctor Boissarie lo vio, y enseguida me lo presentó, con gran vergüenza por su parte. Se había contagiado de tisis intestinal, al parecer, algunos años antes, al atender a dos de sus hermanos moribundos, y había venido a Lourdes casi en el último suspiro del 1900 d.C. Allí estaba, sonriente y sonrosado.

Siguió Mademoiselle Madeleine Laure, curada de graves problemas internos el año anterior, pero no me enteré de los detalles.

En ese momento entró el obispo de Dalmacia y se sentó en una silla frente a mí, mientras oíamos el relato de la señorita Noemie Nightingale, de Upper Norwood, curada en el mes de junio anterior de sordera, originada, al menos en el caso de un oído, por una perforación del tímpano. Se encontraba en las *piscinas,* cuando de repente sintió dolores insoportables en los oídos. Lo siguiente que percibió fue el canto del *Magnificat* en honor de su curación.

Mademoiselle Marie Bardou entró hacia esa hora y pasó a la habitación interior para ser examinada, mientras recibíamos de un médico un informe sobre el niño cojo que habíamos visto el día anterior. Todo era como se había dicho. Ahora podía apoyar los talones en el suelo y caminar. Al parecer, había tenido una sensación de martilleo en los pies en el momento de la curación, seguida de una sensación de alivio.

Y así siguieron pasando. A continuación, llegó Mademoiselle Eugénie Meunier, curada dos meses antes de una fístula. Había confiado el certificado a su párroco, quien en aquel momento no estaba presente (¡por supuesto, ya que ella no había concertado ninguna cita con él!), pero se le permitió contar su historia y mostrar una copia de la revista de su parroquia en la que aparecía su relato. Había tenido en su cuerpo una herida de diez centímetros de tamaño. Después de bañarse una noche, sintió alivio; a la mañana siguiente, la herida, que había supurado durante seis meses, estaba completamente cerrada, y así había permanecido. Había recuperado las fuerzas y el apetito. Esta curación tuvo lugar en su propio alojamiento, ya que su estado era tal que le estaba prohibido ir a la Gruta.

El siguiente caso fue el de una mujer con parálisis, que fue inscrita provisionalmente en la categoría de "mejorías". Ahora podía andar, pero aún no había recuperado totalmente el uso de la mano. La enviaron de vuelta a las *piscinas* y le ordenaron que volviera a presentarse más tarde.

El siguiente fue un niño de unos doce años, Hilaire Ferraud, curado de una terrible enfermedad ósea tres años antes. Hasta entonces era incapaz de caminar sin apoyo. Se había curado en las *piscinas.* Desde entonces se encontraba bien. Se dedicaba al oficio de carpintero. Y ahora saltaba solemnemente, primero sobre una pierna y luego sobre la otra, hasta la puerta de ida y vuelta varias veces, para mostrar su completa recuperación. Además, había tenido heridas en una pierna, ya curadas. Sus declaraciones fueron verificadas.

El siguiente fue un hombre algo mayor, que vino acompañado de su hijo, alto y de barba negra, para informar de que seguía gozando de buena salud desde su recuperación, ocho años antes, de la neurastenia y la locura. Había tenido la manía de ser perseguido y tendencias suicidas; le habían dicho que no podía recorrer veinte millas, y había recorrido más de ochocientos kilómetros, tras cuatro años de aislamiento. Había permanecido unos meses en Lourdes, bañándose en las *piscinas,* y la obsesión le había abandonado. Sus declaraciones fueron verificadas. Le felicitaron y le despidieron.

Siguió Emma Mourat para informar; y luego Madame Simonet, curada hacía ocho años de un tumor quístico en el abdomen. Estaba sentada en una de las iglesias, creo, cuando sintió una repentina secreción y una sensación de alivio. Al día siguiente, después de otro baño, la sensación de malestar había desaparecido. Durante el examen de Madame Simonet, como había mucha gente, se les pidió a varias personas que abandonaran la sala hasta más tarde.

Siguió otra antigua paciente para informar. Hacía dos años que había sido curada de una mielitis y de un enorme tumor que, tras veintidós años de sufrimiento, había sido declarado "incurable" en su certificado. La curación había tenido lugar durante la procesión, en el curso de la cual se sintió repentinamente impulsada a levantarse de su camilla. Había recuperado el apetito y desde entonces gozaba de una salud admirable. Se buscó su nombre y se verificaron los datos.

Siguieron Madame François y algunas evidencias médicas. Hacía nueve años que la habían curado de una fístula en el brazo. La habían operado cinco veces; finalmente, como su brazo medía setenta y dos centímetros de diámetro, se había declarado necesaria la amputación. Ella se negó y vino a Lourdes. Su curación duró tres días, al cabo de los cuales su brazo había recuperado su tamaño normal de veinticinco centímetros. Lo mostró. En él se veían unas leves cicatrices. Lo midieron de nuevo y el diámetro se consideró normal.

Fue una mañana asombrosa. Llevaba allí sentado casi tres horas, viendo con mis propios ojos a personas de todas las edades y de ambos sexos, aquejadas de toda clase de enfermedades, presentarse ante sesenta o setenta médicos, diciendo que habían sido curadas milagrosamente por la Madre de Dios. Habían transcurrido periodos diversos desde sus curaciones: un día, dos o tres meses, un año, ocho años, nueve años. Estas personas habían sido operadas, tratadas, sometidas a remedios agonizantes; una o dos habían sido declaradas realmente incurables; y luego, en un instante, o durante el lapso de dos o tres días, o dos o tres meses, habían sido devueltas a la salud por la oración y la aplicación de un poco de agua en nada notable por sus cualidades físicas. ¿Qué dicen ante esto los médicos? Algunos confiesan francamente que es milagroso en el sentido literal del término, y se unen a los pacientes para alabar a María y a su Divino Hijo. Otros no dicen nada; otros se contentan con decir que la ciencia en su estado actual no puede explicarlo todo, pero que, dentro de unos años, sin duda... y todo eso. No he oído a ninguno decir que: "Expulsa a los demonios por Belcebú, el príncipe de los demonios", pero eso es porque quienes podrían desear decirlo no creen en Belcebú.

Ilustración 5. La gruta en 1858.

Pero ¿lo explicará todo la ciencia? Eso se lo dejo a Dios. Todo lo que puedo decir es que, de ser así, es tan maravilloso como cualquier milagro que la Iglesia haya dado con un secreto que los científicos han pasado por alto. ¿Pero no hay una manera más simple de explicarlo? Leamos y consideremos la evidencia humana con respecto a Bernadette: su edad, su sencillez, su apariencia de éxtasis. Ella dijo que vio a esta Señora dieciocho veces y, en una de estas ocasiones, en presencia de espectadores. Le pidió, dijo, que fuera al agua. Se volvió para bajar al Gave, pero la llamó y le pidió que cavara en la tierra de la Gruta. Así lo hizo, y apareció un poco de agua fangosa donde nadie en el pueblo sabía que había agua. Hora tras hora, esta agua crecía en volumen. Hoy en día se vierte en una corriente interminable, se conduce a través de las *piscinas,* y, después de lavarse en el agua, los cuerpos se curan de una manera que "la ciencia no puede explicar". Tal vez no pueda. Tal vez no se pretenda. Pero hay otras cosas además de la ciencia, y una de ellas es la religión. ¿No es esta evidencia tolerablemente fuerte? ¿O es una serie de coincidencias que la niña tuviera una alucinación, ideara algún truco con el agua, y que esa agua resultara ser motivo de curación de personas declaradas incurables por los medios conocidos?

¿Para qué sirven estos milagros? Si se curan tantos, ¿por qué no se curan todos? ¿Se distinguen los *miraculés* especialmente por la piedad? ¿Es de esperar que se convenza a los incrédulos? ¿Se afirma que la evidencia es irresistible? Volvamos a los Evangelios. Los escépticos solían decir que el "elemento milagroso" debía haber sido añadido posteriormente por la piedad de los discípulos, porque todo el mundo sabía ya que los "milagros" no se producían. Ese argumento *a priori* queda sin duda silenciado por Lourdes. Los "milagros" en este sentido ocurren indudablemente, si es que la evidencia actual vale algo. ¿Cuál es entonces la teoría cristiana?

Es ésta. Parece que Nuestro Bendito Señor obró milagros de tal naturaleza que su significado no era, históricamente hablando, absolutamente evidente para aquellos que, por otras razones, no "creían en Él". Se sabe que algunos pidieron una "señal del cielo" y se la negó; que Él mismo dijo que, aunque uno resucitara de entre los muertos, no creerían; más aún, les rogó que le creyeran incluso por el valor de su obra, al menos. Sabemos, finalmente, que, ante un milagro en particular, sus enemigos gritaron que debía haber sido hecho por una agencia diabólica.

Muy bien, pues. Parece ser que los milagros de Nuestro Señor fueron de una naturaleza tal que dispuso fuertemente a creer a aquellos que los presenciaron, y ayudaron enormemente en la confirmación de la fe de aquellos que ya creían; pero que los milagros, como tales, no pueden obligar absolutamente a creer a aquellos que por razones morales la rechazan. Si pudieran, la fe dejaría de ser fe.

Esta parece ser precisamente la situación en Lourdes. Incluso los científicos incrédulos están obligados a admitir que la ciencia en la actualidad no puede explicar los hechos, lo que sin duda es el equivalente moderno de la teoría de Belcebú. Hemos visto, también, como personas severamente científicas como el Dr. Boissarie y el Dr. Cox (si me permiten citar sus nombres) sabiendo tan bien como cualquiera lo que la medicina y la cirugía y el hipnotismo y la sugestión pueden y no pueden hacer, corroboran esta evidencia, y ven en los hechos una simple ilustración de la verdad de esa Fe Católica que ambos sostienen y practican.

¿No es justo el paralelismo? ¿Qué más quieren entonces los adversarios? No se puede discutir con gente que dice que, puesto que no hay nada más que naturaleza, ningún proceso puede ser más que natural. No hay señal, ni siquiera celestial, que pueda derribar el prejuicio intelectual de tales personas. Si vieran al propio Jesucristo en la gloria, siempre podrían decir que "por el momento la ciencia no puede explicar el fenómeno de un cuerpo luminoso aparentemente sentado en un trono, pero sin duda lo hará con el tiempo". Si vieran a un hombre muerto y en putrefacción levantarse de la tumba, siempre podrían argumentar que no podía haber estado muerto y putrefacto, o que no podía haberse alzado de la tumba. Solo el Juicio Final podría convencer a tales personas. Pero incluso cuando oigan el sonido de las trompetas, creo que algunos de ellos, una vez recuperados del asombro inicial, harían observaciones sobre fenómenos auditivos.

Pero para el resto de nosotros, que creemos en Dios y en su Hijo y en la Madre de Dios por otros motivos (porque nuestro intelecto está satisfecho, nuestro corazón encendido, nuestra voluntad reforzada por la fe; y porque sin esa fe toda la vida cae en el caos, y la evidencia humana queda anulada, y cesan todos los motivos y emociones nobles) para nosotros, que hemos recibido el don de la fe, por pequeña que sea la medida, Lourdes es suficiente. Cristo y su Madre están con nosotros. Jesucristo es el mismo ayer, hoy y siempre. ¿No es esa, después de todo, la teoría más sencilla?

V

DESPUÉS del desayuno salí de nuevo en busca del sacerdote escocés, que esperaba poder llevarme a cierta ventana de la iglesia del Rosario, a la que solo unos pocos tenían acceso, desde donde podríamos ver la procesión y la Bendición de los Enfermos. Pero nos decepcionó y, después de algunos tejemanejes, conseguimos situarnos al fondo de la multitud, en lo alto de la escalinata de la iglesia. Pude alzarme unos centímetros por encima de los demás, y obtuve una vista bastante aceptable de toda la escena.

La multitud era indescriptible. Estábamos rodeados por un inmenso grupo de hombres; y hasta donde alcanzaba la vista por el enorme óvalo, y mucho más allá de la estatua coronada, y a ambos lados hacia la Oficina a la izquierda, y en las laderas a la derecha, se extendía lo que parecía un impresionante pavimento de cabezas. Sabíamos muy bien que, por encima de nosotros, en cada terraza y escalón, hasta las puertas de la gran basílica, había una turba inquieta y cantarina. Un gran espacio se mantenía abierto en el nivel del suelo justo debajo de nosotros, diría que de cien por doscientos metros, y la franja interior estaba compuesta por enfermos, en literas, en sillas, de pie, sentados, tumbados y arrodillados. La procesión entraba por el otro extremo.

Al cabo de una media hora de espera, durante la cual una ráfaga incesante de cantos rodaba de un lado a otro entre la multitud, aparecieron a lo lejos los que encabezaban la procesión -pequeñas figuras blancas o negras, pequeñas como muñecas- y el canto se generalizó. Pero a medida que las interminables filas se alejaban, el canto cesó, y un momento después un sacerdote, de pie y solitario en el gran espacio, comenzó a rezar sonoramente con una voz como de trompeta de plata.

Nunca había oído tanta pasión en mi vida. Comencé a observar en seguida, casi mecánicamente, el grupito situado bajo el *ombrellino*, ataviados de blanco y oro, y los movimientos de la custodia bendiciendo a los enfermos; pero una y otra vez mis ojos volvían a la pequeña figura situada en medio, y yo mismo grité con la multitud, frase tras frase, siguiendo aquella voz apasionada:

–*Seigneur, nous vous adorons!*

–*Seigneur* –llegó la ciclópea respuesta de la muchedumbre–, *nous vous adorons.*

–*Seigneur, nous vous aimons!* –gritó el sacerdote.

–Seigneur, nous vous aimons! –respondió la gente.

–*Sauvez-nous, Jésus ; nous périssons!*

–*Sauvez-nous, Jésus ; nous périssons!*

–Jésus, Fils de Marie, ayez pitié de nous!

–Jésus, Fils de Marie, ayez pitié de nous !

Entonces se elevó una melodía gregoriana.

–Parce, Domine! –cantaba el pueblo–. *¡Parce populo tuo! Ne in aeternum irascaris nobis.*

Y seguían:

-Gloria Patri el Filio et Spiritui Sancto.

–Sicut erat in principio et nunc et semper, et in saecula saeculorum. Amen.

Y otra vez la voz única y la respuesta multitudinaria:

–Vous êtes la Résurrection et la Vie!

Y luego una orden imperiosa a la que Él nos dio para ser nuestra Madre.

–Mère du Sauveur, priez pour nous!

–Salut des infirmes, priez pour nous!

Luego otra vez el canto; luego el grito más conmovedor de todos:

–Seigneur, guérissez nos malades!

–Seigneur, guérissez nos malades!

Luego el grito encendido que hizo enrojecer diez mil rostros:

–*Hosanna! Hosanna au Fils de David!* (Me estremecí al oírlo).

–*Hosanna!* –gritó el sacerdote, poniéndose en pie (pues hasta entonces había estado de rodillas) con los brazos abiertos.

–*Hosanna!* –rugió el pueblo, veloz como un eco.

–*Hosanna! ¡Hosanna!* –retumbaba una y otra vez, como una gran artillería.

Sin embargo, no hubo ningún movimiento entre aquellas lastimeras filas de enfermos postrados. El obispo, con el *ombrellino* sobre él, pasó lentamente alrededor del círculo; y la gente clamaba a Aquel a quien llevaba en la custodia, como clamaban hace dos mil años en el camino a la ciudad de David. Seguramente Él se compadecerá en este día, el año jubilar de su Madre, la octava de la Asunción, para sentarse con Él en su trono.

–*Mère du Sauveur, priez pour nous!*

–*Jésus, vous êtes mon Seigneur et mon Dieu!*

Pero no había movimiento alguno.

Si alguna vez la "sugestión" pudo obrar un milagro, debía hacerlo ahora. "Esperamos milagros durante la procesión de mañana y el domingo", me había dicho un sacerdote el día anterior. ¡Y allí estaba yo, uno entre cien mil, confiado en la expectación, emocionado por aquella voz, sin dudar ni temer nada; allí estaban los enfermos debajo de mí, respondiendo

débil y potentemente a los gritos del sacerdote; y, sin embargo, no hubo ningún movimiento, ningún salto repentino de un enfermo de su lecho al paso de Jesús, ningún grito vibrante de alegría: "*Je suis guéri! ¡Je suis guéri!*"; ni una precipitada carrera hacia el lugar, ni el estruendo del *Magnificat*, como nos habían inducido a esperar.

El final se acercaba. La custodia había alcanzado de nuevo la imagen y avanzaba por el centro. La voz del sacerdote se hizo aún más apasionada, mientras agitaba los brazos y pedía clemencia:

—*Jésus, ayez pitié de nous! Ayez pitié de nous!*

Y el pueblo, frenético de ardor y deseo, le respondió con voz de trueno:

—*Ayez pitié de nous! Ayez pitié de nous!*

Luego, subiendo los escalones, llegó el severo grupo hasta el lugar donde Jesús bendeciría a los suyos, aunque no los curaría; y el sacerdote que estaba situado en el medio, con un último grito, dio gloria a Aquel que debía ser servido a través de cualquier miseria:

—*Hosanna! Hosanna au Fils de David!*

¡Seguramente eso debería conmover al Sagrado Corazón! ¿No dirá una palabra su Madre?

—*Hosanna! Hosanna au Fils de David!*

—*Hosanna!* —gritó el sacerdote.

–Hosanna! –gritaba el pueblo–. *¡Hosanna! ¡Hosanna! ¡Hosanna!*

Fue un rugido articulado de alabanza decepcionada, y luego el *Tantum ergo Sacramentum!* se entonó en toda su solemnidad.

Cuando terminó la bendición, volví a la Oficina, pero allí había poco que ver. No, no hay milagros hoy, me dijeron, o casi ninguno. Tal vez uno por la mañana. No se sabía.

Varios obispos estaban allí de nuevo, escuchando la charla de los médicos y la descripción de ciertos casos de días anteriores. El padre Salvator, capuchino, estaba allí de nuevo, así como el alto y barbudo padre asuncionista del que ya he hablado. Pero no había ni interés ni entusiasmo. Tuve el placer de hablar un rato con el obispo de Tarbes, que me presentó de nuevo al capuchino y me contó su historia.

Pero para mí, que me sentía un poco infeliz, el milagro consistía en que ya no me sentía así. Había esperado mucho y no había visto nada.

También hablé con el Dr. Cox antes de irme.

–No –me dijo–, hoy apenas hay un milagro. También tenemos dudas sobre esa pierna que era siete centímetros más corta.

–¿Y es cierto que mademoiselle Bardou no está curada? (Un médico nos había dado ciertas pruebas unos minutos antes).

Robert Hugh Benson

–Me temo que no. Probablemente fue un caso de intensa excitación subjetiva. Pero puede tratarse de una mejoría. Aún no lo sabemos. El verdadero trabajo de investigación vendrá luego.

Ilustración 6. La gruta en 1914.

Qué arbitrario me pareció todo, pensé, mientras caminaba hacia casa para cenar. Aquella mañana, de camino desde la Oficina, había visto una gran compañía de estandartes blancos caminando juntos; y, al preguntar, descubrí que se trataba de los *miraculés* de años anteriores, en número de unos trescientos cincuenta[29]. Formaban una procesión considerablemente numerosa. Me fijé en sus rostros: había muchas más mujeres que hombres (como en el Calvario). Pero mientras los observaba no podía concebir por qué principio lo sobrenatural había descendido de repente sobre este y no sobre aquel. "Dos hombres en una cama... Dos mujeres moliendo en el

---

[29] El número oficial de asistentes a la procesión de la tarde fue de 341.

molino... Uno es tomado y el otro dejado". Había personas de todas las edades (calculo entre seis y ochenta años) de todos los caracteres, rangos, experiencias; de ambos sexos. Algunos eran religiosos, otros tenderos, algunos de la nobleza, un soldado retirado o dos, etc. No se distinguían por su santidad, al parecer. Había oído algunas anécdotas en las que se repetía la desgarradora historia de los diez leprosos: uno agradecido, nueve egoístas. A una o dos de las muchachas, según oí, les afectaron demasiado los halagos y las felicitaciones y habían empezado a darse aires de grandeza.

Y vuelvo a este día, esta ocasión casi obvia. Era el Año Jubilar; todo estaba a punto para que ocurrieran muchos más hechos extraordinarios. Y no había pasado nada. Además, cinco enfermos habían muerto en Lourdes durante su primera noche allí. ¡Venir de tan lejos para morir!

¿Bajo qué principio, entonces, actuó Dios? Entonces comprendí de repente, no estaba considerando los principios de Dios, sino los míos propios; y volví a casa avergonzado y consolado a la vez.

VI

ESA NOCHE celebré una misa de medianoche en la misma capilla de la Iglesia del Rosario de la mañana. El lugar estaba de nuevo abarrotado. En la escalinata de la iglesia vi a un fraile confesando, y al entrar me encontré con que la misa mayor se celebraba en la nave central de la iglesia, con una congregación tan numerosa y agotada que muchos dormían en posiciones forzadas entre los asientos. De hecho, me informaron de que, como los dormitorios de Lourdes no daban abasto para una peregrinación tan numerosa, había varios centenares de peregrinos que dormían donde podían: en los escalones de las iglesias, bajo los árboles y las rocas, y a orillas del río.

Un sacerdote escocés ofició mi misa, e inmediatamente después yo oficié la suya en el mismo altar. Mientras me vestía, me di cuenta de que en el altar mayor de esta pequeña capilla un sacerdote leía oraciones, a las que la congregación respondía; y me enteré de que dos personas que habían sido recibidas en la Iglesia ese día iban a hacer su Primera Comunión. Al llegar la medianoche, de los siete altares salieron simultáneamente siete voces: "*In nomine Patris, et Filii, et Spiritus Sancti. Amen*".

Una vez más, al volver a casa y acostarme poco después de la una de la madrugada, el último sonido que oí fue el del *"Gloria Patri"* cantado por otros peregrinos que también volvían a su alojamiento.

Unas horas más tarde, después del café, bajé de nuevo a la plaza. Era domingo y se cantaba una misa mayor pontifical en la escalinata de la Iglesia del Rosario. Como de costumbre, la multitud llenaba la plaza. Me adentré a duras penas un momento en la muchedumbre asistente a la celebración. Fue una experiencia nueva oír a aquella inmensa congregación al aire libre respondiendo con una voz gigante al canto llano de la misa. Era asombrosa la expresión que se manifestaba en el canto. El *Sanctus* fue uno de los gritos de adoración más impresionantes que jamás he oído. Al final de la misa, todos los obispos presentes, situados cerca del altar (conté seis o siete), se giraron y dieron la bendición simultáneamente. En las dos grandes curvas que conducían a la basílica se agrupaban los estandartes blancos de los *miraculés*.

Poco después de llegar a la oficina ocurrió un pequeño incidente muy extraño y tranquilo. Una mujer con la cara amarillenta, a la que poco a poco iba volviendo el color, entró y se sentó a declarar. Nos aseguró que durante la procesión del día anterior se había curado de un tumor en el hígado. De repente sintió un gran alivio y regresó a casa completamente restablecida. A la pregunta de por qué no se había presentado en la Oficina, respondió que no había pensado en ello: simplemente se fue a casa. Todavía no he sabido si se trataba de una curación verdadera o no; lo único que puedo decir por el momento es que me impresionó mucho su porte sencillo y natural, su total serenidad y la ausencia de excitación, como todo lo que vi en Lourdes. No puedo concebir que una mujer así sufra de una ilusión.

Pocos minutos después, el Dr. Cox me llamó y me entregó una tarjeta en la que había escrito que me permitiría bañarme en las *piscinas*. Ya lo había pedido antes, pero me habían dicho que no era seguro que me lo concedieran, debido a la alta afluencia de pacientes. Así que, me dirigí inmediatamente a las *piscinas*.

Como ya he dicho, hay tres compartimentos en el edificio llamados *piscinas*. La de la izquierda es para las mujeres; la del medio, para los niños y para los que no se someten a la inmersión completa; la de la derecha, para los hombres. Entré en esta última, después de abrirme paso entre la multitud y pasar el patio abierto donde rezaban los sacerdotes. Era un lugar pequeño, pavimentado como una capilla, con una cortina colgada justo delante de la puerta. Cuando hube pasado, vi que en el extremo opuesto, a tres o cuatro metros de distancia, había una especie de abrevadero profundo, lo bastante ancho y largo para que cupiera una persona. A ambos lados bajaban escalones para los asistentes. Inmediatamente encima del baño, en la pared, había una estatua de Nuestra Señora; y debajo de ella un cartel de oraciones, lo suficientemente grande como para ser leído a poca distancia.

Había alrededor de media docena de personas en el lugar: dos o tres sacerdotes y tres o cuatro pacientes. Me alivió ver que uno de los sacerdotes era el escocés en cuya misa había oficiado la medianoche anterior. Llevaba la sotana puesta y las mangas remangadas hasta el codo. Me dio algunas instrucciones y, mientras me preparaba, observé a los pacientes. Había un cojo, justo a mi lado, que empezaba a vestirse; dos niños pequeños y un joven que me conmovió más de lo que podría expresar. Estaba de pie junto a la cabecera de la bañera, con una palangana en una mano y una pequeña imagen de la Virgen en la otra, y se echaba agua ingeniosamente con los dedos en los ojos; estos estaban horriblemente inflamados y pude ver que estaba ciego. No puedo describir la pasión con que lo hacía, pareciendo mirar todo el tiempo hacia la imagen que sostenía, y murmurando oraciones en voz baja, con la esperanza, sin duda, de que su primera visión fuera la imagen de su Madre. Luego miré a los niños. Uno de ellos tenía las piernas horriblemente alargadas y delgadas; no pude ver qué le pasaba al otro, salvo que parecía enfermo y agotado. Cerca de mí, sobre el pavimento húmedo y embarrado, yacía un vendaje indescriptible que habían desenrollado de la pierna del cojo.

Cuando llegó mi turno, me cubrieron, envolviéndome con un delantal empapado, bajé un escalón más o menos y me metí de pie en el agua; luego, con un sacerdote cogido de cada mano, me tumbé de cuerpo entero, de modo que solo asomaba la cabeza. Es mejor no describir el agua. Basta decir que personas aquejadas de la mayoría de las enfermedades conocidas por el hombre se habían bañado en ella sin cesar durante al menos cinco o seis horas. Sin embargo, puedo decir, con toda sinceridad, que no sentí ni la más leve repulsión física, aunque de suyo odio la suciedad al menos tanto como el pecado. Se dice, además, que nunca en la historia de Lourdes ha habido un solo caso de enfermedad atribuible a una infección en los baños. El agua estaba fría, pero no era desagradable. Permanecí allí, supongo, cerca de un minuto, mientras los dos sacerdotes y yo repetíamos las oraciones inscritas en el cartel. Eran, en su mayor parte, peticiones a María. "*O Marie*"–terminaban–, "*conçue sans péché, priez pour nous qui avons recours à vous*".

Cuando volví a vestirme después del baño, volví a ver al joven. Lo sacaba un amable asistente, pero su rostro estaba distorsionado por el llanto, y de sus ojos ciegos corría un torrente de lágrimas amargas. No es necesario decir que recé un Avemaría al menos por su alma.

En cuanto estuve listo, salí y me senté un rato entre los recién bañados, y empecé a recordarme a mí mismo por qué me había bañado. Ciertamente no padecía nada, salvo alguna que otra dolencia insignificante. Tampoco lo hice por curiosidad, porque podría haber visto sin dificultad todos los detalles sin descender a aquel espantoso abrevadero. Supongo que fue un acto de devoción. Allí había agua con una historia detrás; agua que fue tan indudablemente usada por Dios Todopoderoso para dar beneficios al hombre como lo fue la arcilla puesta sobre los ojos ciegos hace mucho tiempo cerca de Siloé, o la misma agua de Bethesda. Y es un instinto natural acercarse lo más posible a las cosas usadas por los poderes celestiales. Me alegré extraordinariamente de haberme bañado, y me he alegrado igualmente desde entonces. Me temo que no sirve de prueba decir que hasta que llegué a Lourdes estaba cansado de cuerpo y mente, y que desde mi regreso me he encontrado inusualmente robusto. Pero es un hecho, y ahí lo dejo.

Mientras estaba allí sentado, pasó una procesión hacia la Gruta, y me acerqué a la verja para contemplarla. No sé cuál era su propósito, pero era tan impresionante como todo en Lourdes. Primero llegaron los *miraculés* con sus estandartes – una fila tras otra–, luego varios prelados, luego los *brancardiers* con sus arneses de hombros, luego las monjas, luego más *brancardiers.* Creo que tal vez llevaban a algún *miraculé* reciente para dar gracias; porque cuando llegué en seguida de nuevo a la Oficina, me enteré de que, después de todo, parecía que varios se habían curado en la procesión del día anterior.

Estaba sentado en el vestíbulo del hotel unos minutos más tarde cuando oí el estruendo del *Magnificat* desde la calle, y salí corriendo a ver qué ocurría. Cuando llegué a la puerta, pasó el corazón de la procesión. Un grupo de *brancardiers* formaba un cuadrado irregular, sosteniendo cuerdas para contener a la multitud; y en medio caminaba un grupo de tres, seguidos por una litera vacía. Los tres eran un hombre de pelo blanco más cerca de mí, un fornido *brancardier* al otro, y entre ellos una muchacha de rostro radiante, que cantaba con todo su corazón. La habían bajado de su alojamiento aquella mañana hasta las *piscinas;* volvía por su propio pie, por el poder de Aquel que dijo al cojo: "Toma tu lecho y entra en tu casa". Los seguí durante un rato y luego volví al hotel.

VII

Por la tarde bajamos a ver a un sacerdote que había prometido un sitio a uno de los nuestros en la ventana de la que he hablado antes. Pero la muchedumbre era tan grande que no pudimos encontrarlo, así que nos dispersamos lo mejor que pudimos. Otros dos sacerdotes y yo dimos toda la vuelta por el exterior de las iglesias, para ver si podíamos unirnos a la procesión, ya que cruzar la plaza era sencillamente imposible. En la agobiante aglomeración de gente que había cerca de la Oficina, perdí a los demás y me abrí camino hacia atrás entre la multitud y después hasta la Oficina, que era el mejor lugar que se me ocurrió para ver la Bendición de los Enfermos y que se me permitía el acceso.

Por fin se cumplió mi deseo supremo. Uno o dos minutos después de que me acercara a mirar por la ventana, el Santísimo Sacramento entró en el espacio reservado para las innumerables literas. La muchedumbre que había entre mi posición y el espacio abierto era simplemente una masa informe de cabezas; pero podría seguir los movimientos de lo que ocurría por la contera blanca del *ombrellino* mientras pasaba lentamente por el lado más alejado de la plaza.

La multitud estaba muy quieta, respondiendo como ante la apasionada voz del sacerdote situado en el medio; pero observando, observando, como yo observaba. A mi lado estaba sentado el Dr. Cox. Teníamos el rosario en las manos. La mancha blanca avanzaba y avanzaba, y todo lo demás permanecía inmóvil. Yo sabía que más allá yacía el enfermo. "Señor, si es posible... ¡si es posible! Sin embargo, no se haga mi voluntad sino la tuya". La procesión ya había llegado al final de la primera línea de enfermos.

–*Seigneur, guérissez nos malades!* –gritó el sacerdote.

–*Seigneur, guérissez nos malades!* –respondió el pueblo.

–*Vous êtes mon Seigneur et mon Dieu!*

Y de repente pasó.

Ilustración 7. La bendición de los enfermos.

110

Se respiraba el aire tranquilo del verano, flotando por encima, cargado de lo sobrenatural como una nube con truenos, eléctrico, vibrando con poder. Aquí debajo yacían las almas sedientas de su toque de fuego, pacientes, deseosas, infinitamente conmovedoras; y en medio ese poder, encarnado para nosotros los hombres y nuestra salvación. Entonces descendió, veloz y poderoso.

Vi un súbito remolino en la multitud de cabezas que había bajo la escalinata de la iglesia, y luego un gran temblor recorrió la multitud; que hirvió durante unos instantes como una olla. Un grito había estallado de repente y recorrió todo el espacio; aumentando de volumen a medida que se movía, hasta que las cabezas situadas debajo de mi ventana temblaron también; las manos aplaudían, las voces gritaban: "*Un miracle! ¡Un miracle!*"

Yo estaba en pie, mirando y gritando. Entonces cesaron los temblores y los gritos se redujeron a un murmullo; y el *ombrellino* siguió su camino; y de nuevo la voz del sacerdote resonó fina y clara, con un toque de triunfante agradecimiento: "*Vous êtes la résurrection et la vie*". Y de nuevo, la súplica, ya que aún quedaban dos mil enfermos sin tocar por aquel Poder, y el tiempo apremiaba, aquella súplica infinitamente conmovedora: "*Seigneur, celui qui vous aime est malade!* Y: "*Seigneur, faites que je marche! Seigneur, faites que j'entende!*".

Y de nuevo el dedo de Dios descendió otra vez y otra; y cada vez un cuerpo enfermo y roto saltaba de su lecho de dolor y se erguía; y la multitud sonreía y rugía y sollozaba.

111

Cinco veces vi ese remolino y esa agitación; la última, cuando el *Te Deum resonó* en la escalinata de la iglesia mientras Jesús Sacramentado volvía a casa. Y dos no los vi. Hubo siete en total aquella tarde.

Pero, en fin, ¿sirve de algo comentar todo esto? No estoy seguro; y, sin embargo, para mi propia satisfacción, aunque no para la de nadie más, deseo exponer algunos de los pensamientos que me vinieron entonces y después de haberme sentado junto a la ventana y visto con mis propios ojos la bondad amorosa de Dios.

En primer lugar, me quedó una impresión abrumadora: que yo había estado presente, en persona, en el siglo XX, y había visto a Jesús pasar junto a los enfermos, como pasó dos mil años antes. Ese es, en una palabra, el hecho supremo de Lourdes. En más de una ocasión, mientras estaba allí sentado aquella tarde, comparé la forma en que el cristiano creyente medio pasa la tarde del domingo con la forma en que yo la estaba pasando. De niño, solía pasear con mi padre, y él solía leer y hablar sobre temas religiosos; a nuestro regreso, solíamos tener una breve clase de Biblia en su estudio. Como clérigo anglicano, solía enseñar en las escuelas dominicales o predicar a los niños. Como sacerdote católico, solía asistir ocasionalmente al catecismo. En todas esas ocasiones, lo milagroso parecía singularmente lejano; lo contemplábamos a lo largo de veinte siglos; era algo de lo que se podían extraer lecciones, de lo que se podía alimentar la imaginación, pero se trataba de un estado de cosas tan remoto como la vida del hombre prehistórico; uno asentía a ello, y eso era todo. Y aquí, en Lourdes, constituía un acontecimiento presente y vívido.

Me había sentado ante una ventana, con una sotana hecha por un sastre inglés, con otro inglés a mi lado, y vi cómo lo milagroso se producía. El tiempo y el espacio desaparecieron; los siglos se encogieron y desvanecieron; y he aquí que vimos lo que "profetas y reyes desearon ver y no vieron".

Por supuesto que se pueden esgrimir argumentos "científicos", del tipo que he relatado, para intentar explicar Lourdes; pero son los mismos argumentos que se pueden esgrimir, y se esgrimen, contra los milagros del propio Jesucristo. Yo no digo nada a los que están aquí; eso se lo dejo a científicos como el Dr. Boissarie; pero lo que no puedo entender es que los cristianos profesantes sean capaces de aportar argumentos *a priori* contra el hecho de que Nuestro Señor es el mismo ayer, hoy y siempre, el mismo en Galilea y en Francia. "Estas señales seguirán a los que creen", dijo Él mismo; y la historia de la Iglesia católica es un cumplimiento exacto de esas palabras. Así fue, nos dice San Agustín, en las tumbas de los mártires. En Canterbury se registraron unos quinientos milagros a los pocos años del martirio de Santo Tomás. Y ahora le toca el turno a Lourdes, como desde hace cincuenta años, en este pequeño rincón de la pobre Francia.

Me han preguntado desde mi regreso: "¿Por qué no se pueden hacer milagros en Inglaterra?" Mi respuesta es, en primer lugar, que sí se hacen en Inglaterra, en Liverpool y en Holywell, por ejemplo; en segundo lugar, respondo con otra pregunta: ¿por qué Jesucristo no nació en Roma?, y si hubiera nacido en Roma, ¿por qué no en Nínive y Jerusalén? En tercer lugar, respondo que tal vez ocurrirían más cosas en Inglaterra, si allí hubiera más fe. Seguramente es un poco irrazonable pedir que, en un país que hace trescientos cincuenta años repudió deliberadamente la Revelación que Cristo hizo de sí mismo, desterró el Santísimo Sacramento y derribó los santuarios de María, Cristo y su Madre cooperen sobrenaturalmente en maravillas que son más bien la recompensa de los fieles. "No está bien tomar el pan de los hijos y echarlo a los perros", son palabras del mismo Señor. Si Londres todavía no es lo suficientemente tolerante como para permitir una Procesión Eucarística en sus calles, apenas tiene justificación para exigir que nuestro Señor Eucarístico manifieste su poder. "No pudo hacer allí ninguna obra poderosa", dice el Evangelista sobre Cafarnaúm, "a causa de su incredulidad".

Este es, pues, el hecho supremo de Lourdes: que Jesucristo en su Sacramento pasa por esa plaza abierta, con los enfermos tendidos en lechos a ambos lados; y que a su palabra los cojos andan y los leprosos quedan limpios y los sordos oyen; ¡que se les ve saltar y danzar de alegría!

Incluso ahora, al escribir pasados diez días desde mi regreso, todo me parece un sueño; y, sin embargo, sé que lo vi. Durante más de treinta años me había acostumbrado a repetir la tonta fórmula de que "la era de los milagros ha pasado"; que fueron necesarios para el establecimiento del cristianismo, pero que ya no son necesarios ahora, excepto en ocasiones extremadamente raras, tal vez; y en mi corazón conocía mi estupidez. Y durante treinta años, Lourdes había existido. Y si hablé de ello, solo hablé de histeria, autosugestión, imaginación francesa y demás tonterías. Es imposible que un cristiano que haya estado en Lourdes vuelva a hablar de esa manera.

Por lo que respecta a si lo que vi fue real o no, no me preocupa. No me cabe duda de que los que vieron las vendas arrancadas de los miembros del leproso y la carne sana que se mostraba debajo, o al que una vez fue ciego y sus ojos goteaban ahora agua de Siloé, mirando a Aquel que lo había sanado, u oyeron la maravillosa conversación de "hombres que caminaban como árboles", y todo eso, no me cabe duda de que diez días después se sentaron con ojos que no veían, y se preguntaron si eran realmente ellos los que habían presenciado esas cosas. La naturaleza humana, como una botella de Leyden[30], no puede contener más que una cantidad fija. Y esta naturaleza humana, junto con la experiencia, los instintos, la educación, la conversación común, la opinión pública, y otras muchas cosas resonando a su alrededor, como, por ejemplo, la suposición de que los milagros *no ocurren;* que las leyes son leyes... en fin, concluye que el deísmo es lo mejor que se puede esperar. Y, claro, no es de extrañar que la contradicción visible de todo este convencionalismo encuentre poco espacio en el alma.

Hay otro punto que me gustaría señalar en presencia de los cristianos "evangélicos" que sacuden la cabeza por el papel de María en el asunto. Se trata de que, por cada milagro que se produce en las *piscinas,* yo diría que se producen una docena mientras pasa "aquello" que creemos que es Jesucristo. Los católicos, naturalmente, no necesitan tal tranquilidad; saben muy bien por experiencia propia que cuando María se adelanta, Jesús no se retira. Pero, para los que piensan como

---

[30] N. del T.: La botella de Leyden es un dispositivo eléctrico fabricado con una botella de vidrio que permite almacenar cargas eléctricas. Históricamente, la botella de Leyden fue el primer tipo de condensador eléctrico.

algunos cristianos, es necesario señalar los hechos. Por si fuera poco, tengo ante mí, mientras escribo, la tarjetita de las jaculatorias que se usan en la procesión. Hay veinticuatro en total. De ellas, veintiuna van dirigidas a Jesucristo; en otras dos pedimos a la "Madre del Salvador" y a la "Salud de los Enfermos" que rueguen por nosotros. En la última le pedimos que "se muestre Madre". Si se habla de "proporción" en un asunto en el que no la hay (pues no puede haber comparación, sin grave irreverencia, entre el Creador y una criatura), yo preguntaría: ¿hay aquí "desproporción"?

De hecho, Lourdes, en su conjunto, es un pequeño y excelente compendio de teología católica y verdad evangélica. Había una vez un banquete de bodas y la madre de Jesús estaba allí con su Hijo. No había vino. Ella le dijo a su Hijo lo que Él ya sabía; Él pareció despreciar sus palabras; pero las obedeció, y el agua se convirtió en vino.

En Lourdes no hay una fiesta de bodas, sino algo muy parecido a un lecho de muerte. La Madre de Jesús está allí con su Hijo. De nuevo es ella quien toma la iniciativa. "Aquí hay agua" –parece decir–; "cava, Bernadette, y la encontrarás". Pero no es más que agua. Entonces se vuelve hacia su Hijo: "Tienen agua" –dice–, "solo agua". Y entonces Él se pone al frente con su poder.

"Sacad ahora a todos los enfermos del mundo de sus lechos de dolor y llevadlos al maestresala. Usad las cosas más comunes del mundo: dolor físico y agua común. Reunidlos y esperad a que yo pase". Entonces pasa Jesús de Nazaret; y los enfermos saltan de sus lechos, y los ciegos ven, y los leprosos quedan limpios, y los demonios son expulsados.

¡Oh, sí! el paralelismo no es perfecto; ¿pero no se acerca bastante?

Seigneur, guérissez nos malades! Salut des Infirmes, priez pour nous!

VIII

En el momento en que se pronunció la bendición, la sala empezó a llenarse rápidamente; pero yo seguía observando a la multitud que cantaba fuera. Me fijé en una mujer, plácida y feliz, una mujer como las que se ven cien veces al día en las calles de Londres, con adornos de azabache en el sombrero, de mediana edad, casi sorprendentemente corriente. No, no le había ocurrido nada destacable; esa era la cuestión. Pero allí estaba ella, dándolo todo por sentado, participando en el *Magnificat* con ojos errantes, complacida como lo habría estado en un circo; interrumpiéndose para hablar con su vecina, mientras agarraba con mano hábil, en la que brillaba un anillo de casada, los barrotes de la ventana de la Oficina tras la que yo estaba sentado, para poder sacar lo mejor de ambos mundos: la Gracia fuera y la Ciencia dentro. Ella, como yo, había visto lo que Dios había hecho; ahora se proponía ver lo que los médicos tenían que decir, y además tener una buena vista de los *miraculés* cuando aparecieran.

Supongo que fue su asombrosa simplicidad lo que me impresionó. Era sorprendente verla en una escena así; era tan incongruente como un hombre montando en bicicleta en el

119

día del Juicio Final. Sin embargo, ella también colaboraba para hacer real el momento. Era como el árbol real en el primer plano de un panorama. Cumplía la misma función que la *Voix de Lourdes,* un periódico francés de redacción ágil que ofrece las listas de los milagros.

Cuando por fin me di la vuelta, la sala estaba llena. Entre los presentes recuerdo a un canónigo húngaro y al obispo brasileño con otras seis personas. El Dr. Deschamps, antes de Lille, ahora de París, sentado y yo me senté a su lado.

La primera paciente en entrar fue Euphrasie Bosc, una muchacha morena de veintisiete años. Al entrar caminaba balanceándose un poco; luego se sentó y describió las "protuberancias blancas" de su rodilla, con otros detalles; contó cómo se había visto impulsada a levantarse durante la procesión de hacía un momento. La hicieron dar una vuelta por la habitación para mostrar su estado, y luego la despidieron, diciéndole que volviera en otro momento.

A continuación, llegó Emma Sansen, una muchacha pálida de veinticinco años. Sufría de endopericarditis desde hacía cinco años, como demostraba su certificado; llevaba dos años recluida en su habitación. Contó su historia rápidamente y salió.

Luego entró Sor Marguerite Emilie, una asuncionista de treinta y nueve años, una mujer enérgica, de rostro moreno, alta y vestida con su hábito religioso. Su enfermedad había sido el mal de Pott, una grave dolencia de la columna vertebral, acompañada de abscesos y otras cosas espantosas. También ella parecía gozar de buena salud.

Empezamos entonces a oír a un médico dar noticias de cierto religioso irlandés, curado aquella mañana en las *piscinas;* pero nos interrumpió la entrada de Emile Lansman, un fornido artesano de veinticinco años, que entró caminando alegremente, llevando una muleta y un bastón que ya no necesitaba. Había tenido parálisis de la pierna derecha y traumatismo de la columna vertebral hasta ese día.

Ilustración 8. La basílica. Vista lateral.

Le siguió otro hombre cuyo nombre no supe, y sobre cuyo caso escribí tan rápidamente que apenas puedo leer mis notas. Su historia, en resumen, era la siguiente. Hacía algún tiempo que había sufrido un grave accidente que le había provocado una especie de evisceración horrible. Durante el último año o dos había tenido problemas gástricos de todo tipo, incluyendo la pérdida total del apetito. Su certificado mostraba también que padecía parálisis parcial (él mismo nos mostró lo poco que había podido abrir los dedos) y anestesia del brazo derecho (miré por encima del hombro del doctor Deschamps y leí en el papel las palabras *lésion incurable*). Se certificó además que era incapaz de realizar trabajos manuales. Luego nos describió como ayer en la *piscine,* al salir del baño, había notado una curiosa sensación de calor en el estómago; entonces se había dado cuenta de que, por primera vez en muchos meses, deseaba comer; le dieron comida y la disfrutó. Le vimos mover los dedos con normalidad, levantó el brazo y lo dejó caer.

Entonces, por primera vez en la Oficina, escuché una aguda polémica. Un médico estalló de repente, diciendo que no había pruebas reales de que no fuera todo "simulación histérica". Otro le contestó; se apeló al certificado. Entonces el primer médico pronunció un pequeño discurso, de excelente gusto, aunque arrojando dudas sobre el caso; y el asunto se dejó para ser investigado con el resto. Después oí al Dr. Boissarie agradecerle su admirable discurso.

Finalmente, aunque se hacía tarde, Honorie Gras, de treinta y cinco años, entró a declarar. Había padecido hasta hoy "artritis purulenta" y "protuberancias blancas" en la rodilla izquierda. Hoy camina. Su certificado confirmaba su declaración y, luego, se fue.

Todo estaba era como muy natural. No hay razón para temer que Lourdes sea solo cantar de himnos y recitar admoniciones. Es un placer pensar que, a la derecha de la Iglesia del

Rosario, y a menos de cien metros de la Gruta, se encuentra esta pequeña sala, llena de doctores de ojo experto de todas las escuelas de la fe y de la ciencia, que solo tienen que presentar su tarjeta y ser liberados de todo lo que Lourdes tiene que mostrar. Son tan inteligentes como perspicaces. Oí a uno de ellos decir en voz baja que, si la Madre de Dios, como parecía, curaba casos incurables, era difícil negarle el poder de curar también casos curables. Pero, bueno, esto no prueba que una curación no sea milagrosa, si podría haberse curado con ayuda humana. Y es interesante y sugestivo recordar que de tales casos se oye poco o nada. Por cada milagro asombroso que se verifica en la Oficina, me pregunto cuántas personas se van a casa tranquilamente, liberadas de alguna desquiciante enfermedad menor por la misericordia de María, alguna enfermedad que carece de valor como "caso" a los ojos científicos, pero que no por ello deja de ser tan real como lo es su curación.

Por supuesto, un elemento que ayuda a mantener fuera del campo de la fantasía los milagros del lugar es toda esta fraseología científica. En los sencillos relatos del Evangelio, parece casi sobrenaturalmente natural que un hombre haya "padecido una enfermedad durante cuarenta años" y que, a la palabra de Jesucristo, se haya levantado de su camilla y caminado; o que, como en los "Hechos", los "pies y los tobillos de otro reciban fuerza" por el poder del Santo Nombre. Pero cuando oímos las palabras tuberculosis, mal de Pott, *lésions incurables* y "simulación histérica", en cierto modo parece que estemos en una habitación sofocante y congestionada, donde la blanca flor de lo sobrenatural aparece extrañamente lánguida a los ojos de la fantasía.

Sin embargo, así es como debe ser. Estamos obligados a convivir con ellas. Tal vez el milagro más asombroso de todos sea que la Oficina y la Gruta estén una al lado de la otra, y que no se estrangulen mutuamente. ¿Es posible que aquí, por fin, la Ciencia y la Religión lleguen a un acuerdo, y cada una confiese con asombro las capacidades de la otra, y proclame con temor ese poder divino que las hace ser lo que son, y que les ha "fijado los límites que no podrán traspasar"? Sería extraordinario que Francia, entre todos los países, fuera el escenario de esa reconciliación entre estas hermanas enemistadas.

Aquella noche, después de cenar, salí una vez más a ver la procesión de las antorchas, y esta vez mi amigo y yo cogimos una vela cada uno, para unirnos a aquella ceremonia. Pero primero bajé a los *robinets* (los grifos que fluyen entre la Gruta y las *piscinas*) y, tras una lucha desgarradora, conseguí llenar mi botella con el agua santa. Era asombroso lo egoísta que uno se sentía cuando aún estaba en la batalla, y lo magnánimo cuando había obtenido la victoria. Llené también la botella de un voluble sacerdote francés, que me la tendió desesperado mientras seguía luchando en el tumulto. "*Eh, bien!*", gritó a mi lado una robusta francesa, que había llenado su botella y no podía liberarse de la multitud. "¡Si no me dejáis salir, me quedo!". El argumento era irresistible; la muchedumbre rio infantilmente y la dejó salir.

Lamento decir que, una vez más, las iglesias estaban iluminadas con lámparas eléctricas, que las guirnaldas metálicas alrededor de la estatua de nuestra Madre brillaban también; que, lo que es peor, el viejo castillo de la colina y el lejano Calvario también estaban iluminados; y, lo peor de todo, que la procesión concluyó con fuegos artificiales: cohetes y petardos. ¡Milagros por la tarde, fuegos artificiales por la noche!

Sin embargo, cuanto más lo pienso, menos me disgusta. Cuando uno reflexiona que más de la mitad de la enorme multitud venía, probablemente, de pequeños pueblos de Francia (donde un cohete es tan raro como una visita angelical; y, en el lado carnal, tan hermoso a sus ojos) parece muy estrecho de miras poner objeciones. Es cierto que usted y yo relacionamos los fuegos artificiales con la noche de Mafeking[31] o el Jubileo de la Reina Victoria; y que, por lo tanto, parecen inadecuados cuando se utilizan para celebrar la presencia de Dios. Pero no es así con esta gente. Para ellos es una forma natural y hermosa de contar la gloria de Aquel que es la Aurora de lo Alto, que es la Luz para iluminar a los Gentiles, cuya Madre es la *Stella Matutina,* cuyo pueblo una vez caminó en la oscuridad y ahora ha visto una gran Luz. Es su respuesta (el reflejo en las profundidades de su mar) a las miríadas de luces de ese cielo

---

[31] N. del T.: "Del 12 de octubre de 1899 al 17 de mayo de 1900 un puñado de voluntarios británicos resistieron siete meses en esa ciudad sudafricana durante la Segunda Guerra Bóer. El largo asedio se convirtió en todo un acontecimiento mediático, y el rescate de su guarnición por parte del ejército fue celebrada de manera efusiva por todo el Imperio" (Cervera, F. [23 de julio de 2021]. La liberación de Mafeking. *Historia National Geograhic.* https://historia.nationalgeographic.com.es/a/liberacion-mafeking_16789)

que brilla sobre Lourdes. Así que mejor dejemos los fuegos artificiales en paz.

Era algo muy conmovedor caminar en esa procesión, con una vela en una mano y un librito de papel en la otra, e ir cantando la historia de Bernadette, con los inolvidables *Aves* al final de cada verso, y el *Laudate Mariam,* y el Credo Niceno. *Credo in... unam sanctam Catholicam et Apostolicam Ecclesiam.* Me dio un vuelco el corazón. ¿En qué otro lugar, sino en la Iglesia católica, suceden cosas como las que yo había visto allí? ¿Se imaginan milagros en Manchester? Ciertamente podrían producirse, si hubiera suficientes católicos reunidos en el nombre del Señor; pero ¡imaginen Manchester, Exeter Hall o la Catedral de San Pablo! La idea es a todas luces absurda. No; el cristianismo de Jesucristo solo vive en la Iglesia Católica.

Solo ahí se encuentra esa combinación de doctrina elevada, magnífica enseñanza moral, sincero reconocimiento de la Cruz, sacramentalidad lógicamente desarrollada, y que se apodera del corazón como ningún misticismo de aficionado puede hacerlo; y, además, milagros. "La Misericordia y la Verdad se han reunido". "Estas señales seguirán a los que crean... La fe puede remover montañas... Todo es posible para el que cree... Todo lo que pidáis al Padre en mi Nombre... Donde dos o tres están reunidos en mi Nombre, allí estoy yo en medio de ellos". Solo allí, donde las almas se edifican sobre Pedro, suceden de verdad estas cosas.

Últimamente me han preguntado si soy "feliz" en la Iglesia católica. ¿Feliz? ¿Qué se puede responder a una pregunta así? ¿Acaso se le puede preguntar si es feliz a un hombre que se despierta de un sueño absurdo a la luz del sol en su habitación, y a la vida y la realidad? Por supuesto que muchos no católicos son felices. Yo mismo fui feliz como anglicano; pero el católico no usa esa palabra; no piensa en ello. Toda la vida es diferente; eso es todo lo que se puede decir. La fe es fe, no esperanza; Dios es Luz, no penumbra; la eternidad, el cielo, el infierno, el purgatorio, el pecado y sus consecuencias: estas cosas son hechos, no suposiciones ni conjeturas o sospechas a las que aferrarse desesperadamente. "Qué difícil es ser cristiano", se lamenta el no católico perseverante. "¡Qué imposible es ser otra cosa!", grita el católico.

Dimos la vuelta, pues, cantando. La procesión era tan grande que parecía no tener ni cabeza ni cola. Se arremolinaba en la plaza, se encorvaba sobre la iglesia del Rosario, se alargaba media milla más allá de la estatua con guirnaldas de nuestra Madre, se arremolinaba alrededor de la Gruta. Era un inmenso estanque y un río de luces y cantos. Cada grupo cantaba por su cuenta hasta que otro lo superaba; hombres, mujeres y niños paseaban pacientemente cantando y caminando, sin saber nada de adónde iban, nada de lo que cantarían dentro de cinco minutos. Todo dependía de la fuerza de la voz de sus vecinos.

Por mi parte, me encontré en una docena de grupos, antes de que, por fin, al cabo de una hora más o menos, me saliera de la procesión y me fuera a mi alojamiento. A veces caminaba codo con codo con un oficial retirado; a veces con un artesano; una vez se acercó rápidamente por detrás una compañía de "*Noelites*" (esas grandes organizaciones de chicos y chicas en Francia) cantando el *Laudate Mariam* sobre mi *Ave Maria;* a veces en medio de un grupo de dependientas que intercambiaban comentarios entre ellas cada vez que podían respirar. Creo que fue la función humana más alegre y espontánea (y sin duda la más grande) en la que he participado nunca. No tengo ni idea de si había algún organizador, al menos yo no vi a ninguno. Una o dos veces un sacerdote solitario en medio, caminando hacia atrás y agitando los brazos, intentó reconciliar melodías contradictorias. Una vez un cura muy viejo, con una voz como la tuba de un órgano, giró la cabeza por encima del hombro y puso una cara humorísticamente furiosa para reprimir algún error, mientras su boca emitía un sonido de volumen increíblemente agresivo. Pero creo que estos fueron los únicos intentos de organización que vi.

Así que al final me retiré y fui a mi hotel, ronco pero muy contento. Había caminado durante más de una hora: desde la estatua pasé por la iglesia inferior y bajé de nuevo, subí por la larga avenida y volví otra vez a la estatua. Los fuegos artificiales habían terminado, la iluminación se había apagado y el día había acabado; sin embargo, la multitud seguía dando vueltas y las voces no paraban de cantar melodías que entraban en conflicto entre sí. Cuando regresé al hotel, el sonido aún repicaba en mis oídos. Cuando me dormí, seguía oyéndolo.

IX

La mañana siguiente me desperté con el corazón encogido, porque teníamos que partir y el coche nos esperaba a las ocho y media. Todavía tenía que hacer algunos recados, y no me había organizado para celebrar misa; así que salí rápidamente, poco después de las siete, y subí a la Iglesia del Rosario para que me bendijesen algunos objetos piadosos. Fue inútil: no pude encontrar al sacerdote del que me habían hablado, que se dedica a bendecir permanentemente tales objetos. Fui a la basílica, luego hasta la Gruta por el sendero de la colina, donde me vi repentina e inextricablemente atrapado entre una multitud silenciosa.

Por un momento no entendí qué hacían si no era oír misa, pues sabía que, por supuesto, se estaba celebrando una misa a la vuelta de la esquina, en la cueva. Pero pronto comprendí que se trataba de gente que intentaba comulgar. Así que me preparé como pude, allí de pie, y di gracias a Dios y a su Madre por esta inesperada oportunidad de despedirme de la mejor manera (porque estaba tan triste como un colegial haciendo la ronda por la casa en un lunes negro), y al cabo de un cuarto de hora, más o menos, estaba arrodillado ante la reja, bajo la misma imagen de María. Después de dar las gracias, todavía de pie, pero ya en el otro lado, bendije los objetos yo mismo (supongo que en contra de todas las reglas) y volví a casa para desayunar; y antes de las nueve estábamos en camino.

Todos permanecimos en silencio mientras avanzábamos lenta y suavemente por las calles abarrotadas, viendo una vez más a los pacientes *brancardiers* y a las lastimosas literas camino de las *piscines*. No podía creer que me hubiera encariñado tanto con un lugar en tres días de verano. Como he dicho antes, todo estaba en contra. No había ocio, ni espacio para moverse, ni silencio, ni sensación de familiaridad. Todo resultaba caluroso, ruidoso, abarrotado, polvoriento y desconocido. Sin embargo, sentí que era un hogar del alma, un hogar que no había visitado nunca antes. ¡Por supuesto que es un hogar, porque es la Madre la que hace el hogar!

No vimos nada más de la Gruta, ni de las iglesias, ni de la plaza, ni de la estatua. Después de dejar el hotel, nuestro itinerario recorría solo calles comunes, casas blancas, tiendas, hoteles y muchedumbres. Pronto habíamos salido de la ciudad y empezábamos a movernos a gran velocidad por una de esas interminables carreteras rectas que son la gloria de la locomoción francesa.

Sin embargo, me di la vuelta en mi asiento, enfermo del corazón, y tiré de la persiana que colgaba de la ventanilla trasera del coche. No, ¡Lourdes ya no estaba! Se veía, eso sí, el anillo de las colinas eternas, azules contra el azul del cielo del verano, con sus matices de verde conforme la ladera descendía hacia los valles y los baluartes redondeados que los sostienen.

El Gave había desaparecido, las iglesias también, la Gruta... todo había desaparecido. Lourdes podría ser un sueño en la noche.

No, Lourdes no había desaparecido. Porque allí, en lo alto de una colina, por encima de la ciudad santa, estaba la cruz que habíamos visto al entrar, diciéndonos que, si la salud es un don de Dios, no es el mayor; que el Médico de las almas, que curaba a los enfermos, y sin el cual no cae un gorrión al suelo ni sufre un solo dolor, no tenía Él mismo dónde reclinar la cabeza, y murió con gran sufrimiento en el madero.

Mientras miraba, giramos en una esquina y la cruz desapareció.

* * *

¿Cómo es posible terminar una historia así sin que me embargue la emoción? Creo que no es posible, pero debo terminarla. Un viejo sacerdote francés dijo un día en Lourdes, a una amiga con la que viajé, que temía que en estos tiempos los peregrinos no rezaban tanto como antes, y que eso era una mala señal. Habló también de Francia en su conjunto, y de su caída. Mi amiga le dijo que, en su opinión, si estos peregrinos se dirigieran a París como un ejército, un ejército sin más armas que rosarios, se podría reconquistar el país en un día.

Ahora bien, no sé si los peregrinos rezaban antes más que ahora; solo sé que nunca vi a nadie rezar tanto; y no puedo evitar estar de acuerdo con mi amiga en que, si este poder pudiera organizarse, dejaríamos de oír hablar de la apostasía de Francia. Aun así, no puedo entender la actitud de superioridad que los ingleses cristianos adoptan en relación con Francia. Es cierto que en muchos distritos la religión está en decadencia, que las iglesias están descuidadas y que incluso la infidelidad se está convirtiendo en una moda[32]; pero me pregunto continuamente si, en general, teniendo en cuenta Lourdes, la piedad media de Francia, no está en un nivel mucho más alto que la piedad de Inglaterra. El gobierno, como todo el mundo sabe ahora, no es en absoluto representativo del país; pero, triste es decirlo, el francés es propenso a extender su respeto por la ley a un presupuesto de su moralidad. Cuando se aprueba una ley, la moral se acaba.

Ilustración 9. Bernadette.

---

[32] Hay que recordar que esto se escribió hace seis años, y ya no es cierto.

Sin embargo, a juzgar por la intensidad de la fe, el amor y la resignación tan evidentes en Lourdes, y por el número de los presentes, parece como si María, expulsada de las ciudades con su Divino Hijo, hubiera elegido Lourdes (el punto más alejado de París) como su hogar terrenal, y atrajera a sus hijos hacia ella, permaneciendo allí con la espalda apoyada en la pared. No creo que sea una fantasía. Lo que está más allá del tiempo y del espacio debe comunicarse con nosotros en estos términos; y nosotros solo podemos hablar de estas cosas en los mismos términos. Huysmans expresa lo mismo con otras palabras. Aunque Bernadette estuviera engañada, dice, estos peregrinos no lo están. Aunque María no viniera en 1858 a orillas del Gave, sin duda ha venido desde entonces, atraída por los miles de almas que han ido a buscarla allí.

Esto es lo último que puedo decir sobre Lourdes. Es bastante inútil como prueba (de hecho, sería casi impertinente atreverse a ofrecer más pruebas), pero sí puedo aportar mi contribución. Y es esta: *Lourdes está empapada, saturada y encendida por la presencia casi sensible de la Madre de Dios.* Soy muy consciente de todo lo que se puede decir sobre la subjetividad y la autosugestión, y todo eso; pero llega un momento en toda discusión en que lo único que tiene valor es la afirmación de una convicción personal. Tal es, pues, la mía.

En primer lugar, me di cuenta de qué mutilado está el cristianismo que prácticamente no tiene en cuenta a María. Esta fe fragmentaria y desequilibrada era en la que yo mismo había sido educado, y que hoy en día sigue siendo la fe de la mayoría de mis compatriotas. La Madre de Dios (la Segunda Eva, la Inmaculada Madre Virgen, que, como para equilibrar a Eva en el Árbol de la Muerte, permaneció junto al Árbol de la Vida) en la teología popular no católica está desterrada, con el resto de los que han fallecido, a una posición de completa insignificancia. Me había acostumbrado a creer que esta convención era la del cristianismo primitivo y la del cristianismo de todos los hombres sensatos: el romanismo había añadido algo al Evangelio simple, y había tratado a la Madre de Dios con un honor que ella habría sido la primera en censurar.

Bien, creo que en Lourdes el sorprendente contraste entre los hechos y las invenciones humanas se hizo vívido por primera vez a mi imaginación. Comprendí lo desconcertante que debe ser para los "viejos católicos", para quienes María es tan real y activa como su Divino Hijo, entender la sinceridad de aquellos para quienes no es más que un fantasma, y que sin embargo profesan el cristianismo y se llaman a sí mismos cristianos. En Lourdes se ve a María exactamente en la misma situación en que la vieron siempre los verdaderos amantes de su Hijo en Nazaret, en Caná, en los Hechos de los Apóstoles, en las Catacumbas y en toda la historia de la cristiandad: una Madre de Dios y de los hombres, tierna, autoritaria, silenciosa y eficaz.

Sin embargo, extrañamente, no es en absoluto el carácter ordinario y convencional de una madre simplemente tierna el que se revela en Lourdes (simplemente deseosa de aliviar el dolor y dar lo que se le pide). Más bien se percibe como un personaje tremendo *(Regina Coeli* y *Consolatrix Afflictorum)*, que dice "no" y "sí" con la misma serenidad, pero que con el "no" da fuerza para recibirlo. He oído decir que el mayor milagro de todos en Lourdes es la paz y la resignación, incluso la felicidad, de aquellos que, después de que la expectación ha llegado al máximo, se marchan decepcionados, tan enfermos como llegaron. Ciertamente, este es un hecho asombroso. Las lágrimas del joven de la *piscina* fueron las únicas lágrimas de dolor que vi en Lourdes.

María, pues, se me ha aparecido bajo una nueva luz desde que visité Lourdes. En el futuro no sólo odiaré ofenderla, sino que también lo temeré. Es terrible caer en las manos de esa Madre que permite al que sufre arrastrarse por Francia hasta sus pies, y luego arrastrarse de vuelta a casa. Ella es una de las Marías de Chartres, que se revela aquí, oscura, poderosa, dominante y casi inexorable; no la María de una tienda eclesiástica, que habita entre oropeles y nardos. Ella es *Sedes Sapientiae, Turris Eburnea, Virgo Paritura*, fuerte, alta y gloriosa, atravesada por siete espadas, pero serena mientras mira a su Hijo.

Pero, al mismo tiempo, la ternura de su gran corazón se manifiesta en Lourdes de un modo casi insoportable. ¡Es tan grande y amorosa! Afecta a aquellos a quienes uno habla: a los médicos silenciosos, incluso a aquellos a quienes, por alguna confusión mental o algún pecado, les cuesta creer; a los fuertes *brancardiers*, que llevan sus temblorosas cargas con un cuidado infinito; a los propios enfermos, que regresan de las *piscinas* en agonía, pero con el rostro de aquellos que bajan del altar después de la Sagrada Comunión. Todo el lugar está vivo con María y el amor de Dios, desde la estatua inadecuada de la Gruta hasta las guirnaldas de bronce de la plaza, incluso hasta el castillo iluminado y los cohetes que estallan y golpean el firmamento. Si estuviera enfermo de alguna dolencia mortal, y se me revelara que debo morir, iría a Lourdes, porque si María no me curara, al menos podría aprender a sufrir como debe un cristiano. Dios ha elegido este lugar (solo Él sabe por qué, pues también Él es el único que elige qué hombre ha de sufrir y cuál ha de alegrarse), ha elegido este lugar para mostrar su poder y, por eso, ha enviado allí a su Madre, para que a través de ella podamos mirar hacia Él.

¿Es, pues, todo subjetividad y ensoñación romántica? Quizá, ¡pero ahí están los milagros!

OTRAS OBRAS DE ROBERT HUGH BENSON TRA-DUCIDAS O PROLOGADAS POR SERGIO GÓMEZ MOYANO

Benson, R.H. (2009). *Alba triunfante*. Homo Legens.

Benson, R.H. (2016). *Un libro de ensayos*. Amazon.

Benson, R.H. (2017). *Historias sobrenaturales*. B.A.C.

OTRAS OBRAS DEL TRADUCTOR

Gómez Moyano, S. (2018). *La última aventura del capitán Vasconcelos*. Amazon.

Gómez Moyano, S. (2019). *Querencio*. Sekotia.

Gómez Moyano, S. (2020). *Cartas de un Coronavirus a un ser humano cualquiera*. Amazon.